Bettina Hintze

NACHHALTIGE HÄUSER

Zeitgemäß und zukunftsfähig

Die Sieger des HÄUSER-Awards

PRESTEL
München · London · New York

INHALT

siegelt. Vorhandene Substanz zu erhalten, anzupassen oder zu ergänzen ist daher auch ein wichtiges Zukunftsthema der Architektur, zumal hierzulande bereits mehr als zwei Drittel aller Bauaufgaben auf den Bestand entfallen.

Bei neuen Häusern hingegen lassen sich von Anfang an die Weichen für nachhaltiges Bauen stellen, da es hier um viel grundsätzlichere Entscheidungen geht: etwa um die Wahl des geeigneten Standorts, des zum Grundstück passenden Haustyps, die Konstruktionsweise und die Baustoffe – aber beispielsweise auch um die Frage der Angemessenheit, etwa was Raumprogramm und Wohnfläche betrifft. Oft kann es sinnvoll sein, nicht nur flächensparender, sondern auch flexibler zu bauen, da sich persönliche Lebensumstände oder familiäre Verhältnisse meist im Lauf der Jahre ändern. Wandelbare Grundrisse, die unkomplizierte Anpassungen erlauben – etwa die spätere Abtrennung separater Einheiten –, schaltbare Zimmer oder auch eine barrierefreie Hauptwohnebene tragen mit dazu bei, dass ein Haus seine Bewohner über alle Lebensphasen hinweg optimal begleiten kann. Bei Mehrfamilienhäusern kann es sich zudem lohnen, selten genutzte Flächen vom Privaten ins Gemeinschaftliche zu verlagern, beispielsweise ein kleines Gästeappartement vorzusehen, das allen je nach Bedarf zur Verfügung steht.

Ressourcen schonen – aber richtig

Neben dem Raumprogramm spielen auch die Bauweise sowie die Situierung des Hauses auf dem Grundstück eine zentrale Rolle. Ein kompakter Baukörper mit geringer Hüllfläche reduziert die Wärmeverluste, seine kluge Orientierung sowie die Ausrichtung der Fenster zur Sonne schaffen wichtige Voraussetzungen für passive und aktive Solarnutzung. Bei der Wahl von Konstruktion und Baustoffen geht es nicht nur um möglichst umweltfreundliche, natürliche oder langlebige Materialien, sondern auch um die Frage nach deren Herstellungsprozess und Transport. Auf heimische, lokal verfügbare Rohstoffe zurückzugreifen – etwa Holz aus dem benachbarten Wald, Naturstein aus dem nahe gelegenen Steinbruch –, reduziert Anfahrtswege, Energie und Schadstoffe. Umso mehr, wenn zugleich ortsansässige Handwerksbetriebe engagiert werden. Auf dieses Konzept regionaler Wertschöpfung setzt beispielsweise das österreichische Bundesland Vorarlberg seit Generationen sehr erfolgreich und hat sich mit einer zeitgemäßen Neuinterpretation traditioneller Holzarchitektur weit über die Landesgrenzen hinaus einen Namen gemacht. Darüber hinaus zählt Holz nicht nur zu den umweltfreundlichsten und nachhaltigsten Baustoffen, sondern erlaubt dank technischer Innovationen und serieller Vorfertigung auch vielfältigste Konstruktionsmöglichkeiten.

Auch was den Rückbau betrifft bieten modulare Aufbauten aus Holz – etwa im Gegensatz zu konventionellen Wärmedämmverbundsystemen – Vorteile, zumal das Thema des recyclinggerechten Konstruierens immer mehr an Bedeutung gewinnt: Baustoffe und Bauteile im Falle eines Abrisses nach dem Cradle-to-Cradle-Prinzip in den Stoffkreislauf zurückzuführen, wiederzuverwenden oder -zuverwerten wird immer wichtiger. Die Idee vom Gebäude als Materiallager der Zukunft setzt jedoch voraus, dass keine Mehrkomponentenbauteile, sondern lösbare Verbindungen eingesetzt wurden und konstruktive Schichten so aufgebaut sind, dass man sie komplett zerlegen und sortenrein recyceln kann.

Für den effizienten und möglichst klimaschonenden Betrieb eines Hauses ist natürlich auch die Wahl des Energieträgers von zentraler Bedeutung. Idealerweise sollte die Versorgung aus regenerativen Quellen – wie Sonne oder Erdwärme – und ohne schädliche Emissionen erfolgen. Mit einer gut abgestimmten Anlagentechnik, der Vernetzung und Fernsteuerung von Geräten und Installationen, etwa nach dem Smart-Home-Prinzip, lassen sich weitere Einsparungen erzielen. Die zunehmende Technisierung von Wohngebäuden bietet zwar mehr Komfort, ist unter Nachhaltigkeitsaspekten jedoch durchaus ambivalent zu sehen: Nicht nur, weil High-Tech-Systeme stör- und fehleranfällig sind und einen höheren Wartungsaufwand erfordern, sondern auch, weil sie kurzlebiger sind als die Bausubstanz und aufgrund technischer Neuerungen häufiger ausgetauscht werden müssen.

Dass bei all diesen komplexen Überlegungen die Qualität der Architektur nicht auf der Strecke bleiben darf, steht außer Frage. Wie facettenreich das Spektrum an planerischen und gestalterischen Möglichkeiten ist, zeigen auch die in diesem Band versammelten Wohnhäuser aus ganz Europa. Ob Neubau, Umbau oder Umnutzung, in der Stadt oder auf dem Land: Alle Projekte beweisen, wie gut sich die Kriterien nachhaltigen Bauens in anspruchsvolle Architektur umsetzen lassen.

DIE PROJEKTE

Seite 12

Seite 22

Seite 30

Seite 38

Seite 68

Seite 78

Seite 118

Seite 126

Seite 136

Seite 168

Seite 176

Seite 220

Seite 228

Seite 234

Seite 48

Seite 58

Seite 86

Seite 94

Seite 102

Seite 110

Seite 144

Seite 152

Seite 160

Seite 186

Seite 192

Seite 200

Seite 210

Seite 244

Seite 250

1. Preis

EINFACH ÜBERZEUGEND

Kleines Haus in Jonschwil / Kanton St. Gallen (Schweiz)

Lukas Lenherr Architektur

Vorherige Doppelseite Aus der ehemaligen Remise auf einem kleinen Eckgrundstück ist ein zeitgemäßes Wohnhaus geworden, das sich unaufgeregt in den alten Ortskern einfügt.

Links Mit seiner Holzfassade aus heimischer Lärche erinnert der Bau an die frühere Scheune. Die alten Dachziegel wurden wiederverwendet und durch neue ergänzt.

Rechts Raumhohe Glasfronten holen viel Tageslicht ins Erdgeschoss. Im Südosten schirmen Holzlamellen die Wohnebene gegen direkte Einblicke von der angrenzenden Straße ab.

Viel hätte nicht mehr gefehlt und die alte Remise, die seit Generationen mitten im Ortskern von Jonschwil stand, wäre vor zwei Jahrzehnten in sich zusammengefallen: »Früher wurde sie ›Schilte Siebni‹ genannt, was in den Dörfern jeweils für dasjenige Gebäude üblich war, das am schiefsten in die Gegend ragte«, erinnert sich der Architekt Lukas Lenherr. Das kleine Nebengebäude aus dem Familienbesitz seines Großvaters diente einst als Lager und Garage – und war zum Schluss stark einsturzgefährdet. Um dies zu verhindern, wurde der Bau vor gut 20 Jahren konstruktiv gesichert und im Erdgeschoss ein Betonring mit Decke eingezogen. Dadurch behielt das Haus auch seinen Bestandsschutz, denn nach aktuellem Abstandsflächenrecht wäre auf der winzigen Parzelle kein Neubau möglich gewesen.

Unklar war allerdings lange, wie das exponiert an einer Straßenbiegung stehende Gebäude sinnvoll weitergenutzt werden könnte – ob als Wohnhaus oder beispielsweise sogar als öffentliche Einrichtung, etwa als Kita. Letzteres wurde angesichts des geringen Abstands zur Straße jedoch wieder verworfen. Stattdessen entstand auf der minimalen Grundfläche von 6 mal 6 Metern ein sehr kompaktes Familiendomizil, das der Architekt in das Grundgerüst der früheren Scheune implantierte. Mit der neuen Holzfassade aus heimischer Lärche fügt sich der schlichte Bau zurückhaltend in das Ortsbild ein. Nur die großen Glasfronten, die wie ausgestanzt in seiner hölzernen Hülle sitzen, deuten auf die Veränderungen in seinem Innern hin.

Mit einem unkonventionellen Grundriss und einer abwechslungsreichen Raumsequenz, die über drei Etagen reicht, gelang es Lenherr, die 99 Quadratmeter Wohnfläche so geschickt zu gliedern, dass nirgendwo ein beengtes Gefühl aufkommt. Dabei ließ sich der Architekt von japanischen Raumsparkonzepten inspirieren: Flure gibt es keine, stattdessen besteht das Haus aus einer offenen Folge spiralförmig übereinander gestapelter Zimmer, die über eine schmale Treppe – deren Position geschossweise variiert – erschlossen werden. Lufträume ermöglichen Sichtkontakte zwischen den einzelnen Ebenen, große Glasfronten holen das Licht von allen Seiten herein. Für Transparenz sorgen auch die einfachen Katamaran-Netze, die als Absturzsicherung horizontal über die Treppenöffnungen gespannt sind – und den Kindern der neuen Bewohner als Hängematten dienen.

Zentrum des Familienlebens ist die Essküche in der Eingangsebene, die sich direkt an die Diele anschließt und über eine Schiebetür mit dem kleinen Wohnbereich verbunden ist. Im Gegensatz zum betonierten Erdgeschoss sind die beiden oberen Etagen, in denen sich die privaten Rückzugsräume befinden, in Holzständerbauweise errichtet. Das Tragwerk ist überall sichtbar belassen und erinnert an die ehemalige Scheune. Auch beim Innenausbau setzte der Architekt auf wenige einfache und robuste Materialien: Der Bodenbelag in den beiden unteren Etagen ist aus geschliffenem Estrich, im Dachgeschoss aus Brettschichtholz. In der Eingangsebene blieben die neu eingezogenen Trennwände aus Kalksandstein unverputzt, während in den Obergeschossen Decken- und Wandverkleidungen aus Fichten- und Tannenholz für eine wohnliche Atmosphäre sorgen.

Ganz pragmatisch ging Lenherr bei der Kücheneinrichtung vor, die – ebenso wie die Treppen – aus ehemaligen Siebdruckplatten zusammengebaut ist. In die schlichten Holzregale sind die Elektrogeräte, die teilweise von der Bauteilbörse stammen, nur hineingestellt. Fast alles in diesem Haus ist demontier- und wiederverwendbar, wie der Architekt betont: »Die Baumaterialien sind unbehandelt, offen verschraubt und größtenteils unverschnitten. Das Haus kann quasi als ein Baustoff-Lager betrachtet werden.«

Auf einen Keller wurde verzichtet, die Gebäudetechnik findet Platz in einem Schrank. Viel Energie braucht das gut gedämmte Haus ohnehin nicht: Beheizt wird es über einen Holzofen, die Warmwasserbereitung übernimmt die kleinste im Handel erhältliche Gastherme, »Solarkollektoren waren wegen des Ortsbildschutzes nicht erlaubt«, erklärt Lenherr. Doch der kleine Gemüsegarten profitiert von der Sonne – und liefert gute Erträge.

Oben Schlicht und einfach sind die vom Architekten entworfenen Küchenmöbel und -regale aus Siebdruckplatten, in denen auch sämtliche technischen Geräte Platz finden.

Rechts oben Über eine Festverglasung schaut man vom Schlafzimmer im Obergeschoss direkt ins Treppenhaus – und bis in die Wohnküche in der Eingangsebene.

Rechts unten Diagonale und vertikale Blickbeziehungen sorgen auch auf kleiner Fläche für Großzügigkeit. Lufträume verbinden die drei Wohnebenen auch optisch miteinander.

Links oben Die Treppe ins Dachgeschoss ist an ihrer Unterseite mit Polycarbonat-platten verkleidet, sodass diffuses Licht in das dahinter-liegende Bad dringen kann.

Links unten Die Verkehrsflä-chen sind auf ein Minimum reduziert, Flure gibt es keine: Der offene Raum im Ober-geschoss ist Aufenthaltsbe-reich und Erschließungszone zugleich.

Rechts oben Das Holzständer-werk ist überall sichtbar be-lassen und prägt den Raum-eindruck im ganzen Haus. Dachflächenfenster erhellen das Kinderzimmer in der obersten Etage.

Rechts unten Für viel Durch-blick sorgen die eingespannten Katamaran-Netze, die anstelle von geschlossenen Brüstungen als Absturzsicherung für die Treppe dienen.

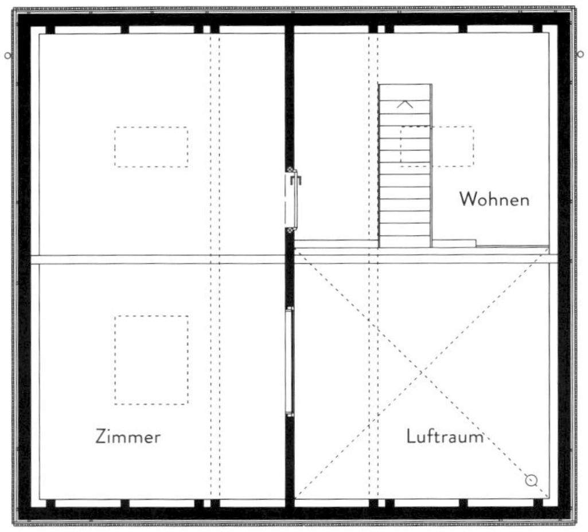

Dachgeschoss

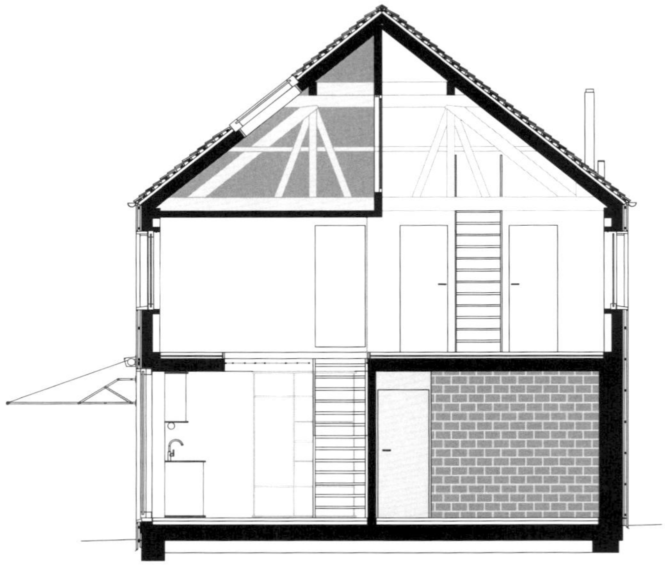

Schnitt

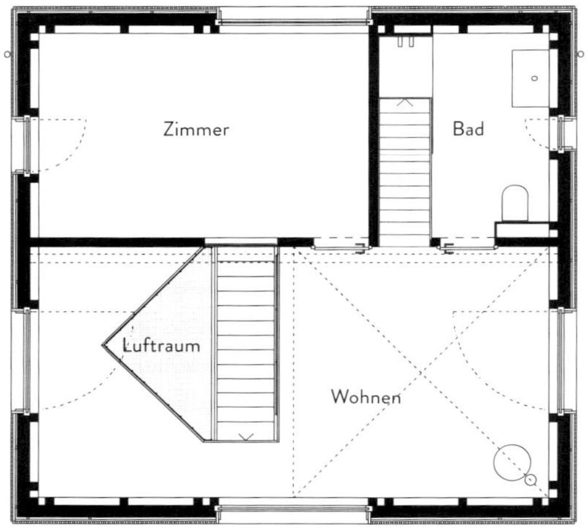

Obergeschoss

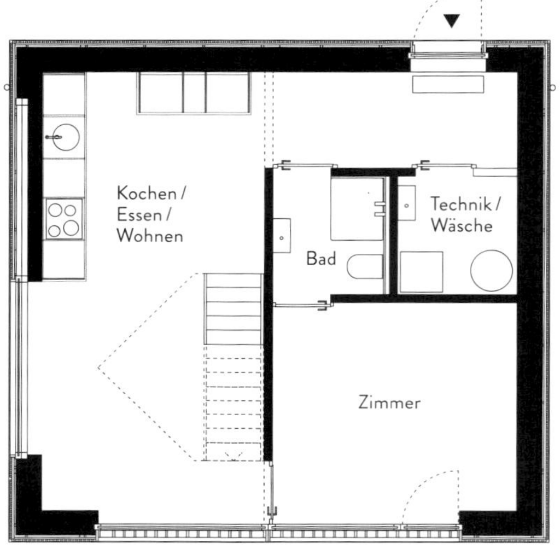

Erdgeschoss

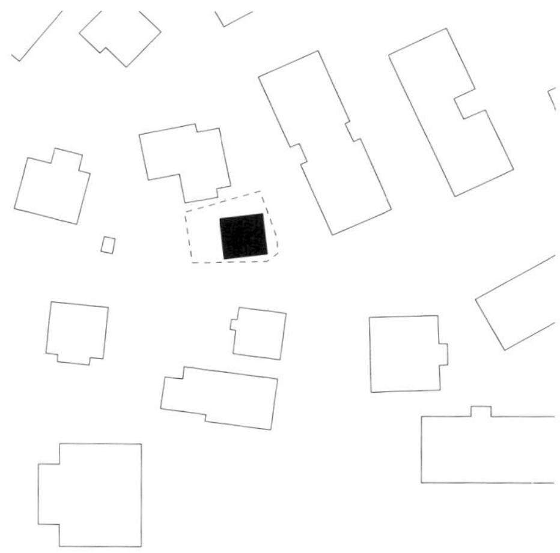

Lageplan

Kurzporträt

- Erhalt und Umnutzung ortsbildprägender Bausubstanz
- Umbau einer leer stehenden Remise zu Wohnzwecken
- Straff organisierter Grundriss mit minimalen Verkehrsflächen
- Flexibel nutzbare, hierarchiefreie Räume
- Reduktion in Konstruktion, Haustechnik und Ausbaustandard
- Einsatz natürlicher, unbehandelter Baustoffe und Wiederverwertung von Abbruchmaterial (Dachziegel, Bauholz)
- Bauteile demontier- und wiederverwendbar
- Energieeffiziente, kompakte Bauweise mit hochwärmegedämmter Gebäudehülle

Gebäudedaten

Grundstücksgröße: 140 m^2
Wohnfläche: 99 m^2
Zusätzliche Nutzfläche: 8 m^2
Anzahl der Bewohner: 4
Bauweise: EG Massivbau (bestehende Sicherung durch einen Ringanker in Stahlbeton), OG und DG Holzständerbau, Dämmung aus Holzfaser und Schafwolle
Fassade: Holzschalung aus heimischer Lärche
Baukosten gesamt: 360.500 Euro
Energiekonzept: Holzofen, unterstützt durch Gastherme für Warmwasserbereitung und Fußbodenheizung
Fertigstellung: 2019

Beurteilung der Jury

Das Haus in Jonschwil ist das Ergebnis einer klugen, kreativen und reflektierten Planung. Es nutzt auf kleiner Parzelle an der Straße eine ehemalige Remise um. Durch drei spiralförmig ineinandergreifende Etagen ist dabei ein flächenoptimiertes und gleichzeitig großzügig wirkendes Wohnhaus mit knapp 100 Quadratmetern für vier Personen entstanden.
Nicht nur beim Einsatz wiederverwendbarer, regionaler Materialien und deren sauberer, handwerklicher Verarbeitung wurde nachgedacht, sondern auch bei überraschenden Einbauten wie den Küchenregalen, den einläufigen Treppen oder dem Katamaran-Netz für den Deckenausschnitt: als Hängematte für Mutige ist damit sogar der Luftraum nutzbar.
Vor allem überzeugt das Haus aber durch die wohlproportionierte Erscheinung seines Baukörpers, durch die Fassaden und seine Raumwirkung im Innern und im Ortsbild. Klein aber sehr fein!

Reiner Nagel

Lukas Lenherr

» Reduktion und Verzicht sind für mich zwei sehr wichtige Vertreter der Nachhaltigkeit – und bekanntlich ist weniger ja mehr. «

2. Preis

LOGENPLATZ UNTER BÄUMEN

Anbau an ein Mehrfamilienhaus in München

Und Mang Architektur

Vorherige Doppelseite Der eingeschossige Anbau erweitert die Wohnfläche des bestehenden Hauses in den Garten und umschließt in seiner Mitte einen geschützten Sitzplatz.

Links Im Gegensatz zum massiven Bestand ist der Neubau eine Holzkonstruktion. Seine Brettschalung wurde jedoch im gleichen Farbton wie die Putzfassade gestrichen.

Rechts beide Breite Glasschiebetüren sorgen für fließende Übergänge zwischen innen und außen. Eine umlaufende Sitzstufe gleicht den Höhenunterschied zum Garten aus.

Mit dem Mehrfamilienhaus aus den 1930er-Jahren im Münchner Stadtteil Bogenhausen ist der Architekt Anton Mang schon seit Langem bestens vertraut. »Das ist bereits unsere vierte Baumaßnahme an diesem Haus«, erzählt er. Dabei haben er und sein Team sich in den vergangenen Jahren buchstäblich von oben nach unten durchgearbeitet: »Begonnen haben wir mit dem Einbau einer Wohnung ins Dach, dann folgten Sanierungen in den anderen Etagen und zuletzt der Umbau der Erdgeschosswohnung und die Erweiterung in den Garten.«

Der Altbau, ein schlichtes, zweigeschossiges Gebäude mit Putzfassade und steil geneigtem Zeltdach, erinnert an den beliebten Typus des »Kaffeemühlenhauses«. Zur Entstehungszeit befand sich im Erdgeschoss eine Gaststätte, die sich ganz auf die Eingangsseite im Osten orientierte, an der eine laute, stark befahrene Durchgangsstraße verläuft. Doch hinter dem Haus gab es einen ruhigen kleinen Biergarten, an den noch heute zwei stattliche alte Kastanien erinnern.

Seitdem das Lokal zur Wohnung umgewandelt worden war, führte der Garten allerdings ein Dasein im Abseits, »es gab keinerlei Bezug zwischen Innen- und Außenraum«, erinnert sich Mang. Mit dem Umbau des Erdgeschosses, das von den Bauherren selbst bewohnt wird, sollte sich dies nun ändern: Sie wünschten sich mehr Licht, Luft und Raum, vor allem aber sollte die Freifläche auf der Westseite stärker in das Wohnerlebnis miteinbezogen werden.

Heute steht hier ein eingeschossiger hölzerner Anbau, der sich tief in den Garten hinausschiebt und das massive Bestandsgebäude um einen großzügigen Wohn-, Koch- und Essbereich erweitert. Zur Nachbargrenze im Süden weitgehend geschlossen, öffnet sich der L-förmige Annex mit bodentiefer Verglasung ganz auf den Garten im Westen. In seiner Mitte umfasst er einen sichtgeschützten Freisitz, der von den mächtigen Kastanien beschirmt wird. Dass sich die Glasschiebetüren an der Innenecke des Neubaus komplett beiseiteschieben lassen, verstärkt den Eindruck eines fließenden Raumkontinuums – zumal hier keine Stütze den Blick verstellt. Was so leicht und selbstverständlich wirkt, erforderte im Detail jedoch eine sorgsam ausgetüftelte statische Lösung, ebenso wie die filigrane Metallkonstruktion an der Decke, die in enger Zusammenarbeit mit dem Freisinger Tragwerksplaner Stefan Kammerlohr entstand: »Die ganze Tragkonstruktion einschließlich der Bodenplatte besteht aus Brettsperrholz. Das Dach ist ein sehr flaches Faltwerk, das über die sehr dünnen Zugstäbe in seiner Lage gehalten wird«, erläutert Mang. Um die Bauzeit zu verkürzen, vor allem aber um die Baumwurzeln zu schützen, verzichteten die Planer auf aufwändige Beton- und Gründungsarbeiten und verankerten die Konstruktion punktförmig mit Schraubfundamenten im Untergrund.

Decken und Wände aus Brettsperrholz in Sichtqualität prägen auch die Wohnatmosphäre im Innern. Die Oberflächen wurden gelaugt und geseift, was ihr Nachdunkeln verhindern soll und dem lichten, luftigen Interieur skandinavisches Flair verleiht. Der alltagstaugliche Bodenbelag aus geschliffenem Zementsichtestrich zieht sich bis in den Altbau hinein, der über einen Wanddurchbruch mit dem Gartentrakt verbunden ist. Auch im Bestand hat sich einiges verändert: Der Grundriss wurde behutsam gelichtet und den Bedürfnissen der Bewohner angepasst, die Innenräume und das Bad wurden renoviert. Um den Wärme-, vor allem aber den Schallschutz zur Straße hin zu verbessern, ergänzten die Architekten die bestehenden Fenster, die bereits bei einer vorangegangenen Sanierung ausgetauscht worden waren, zu Kastenfenstern und bauten eine kontrollierte Wohnraumlüftung ein.

Nach außen hin fügen sich Alt und Neu unaufgeregt zu einem harmonischen Ensemble zusammen: Die Fassaden des Anbaus sind mit einer offenen Brettschalung aus Fichtenholz verkleidet, die einen stumpfmatten Silikat-Anstrich erhielt – im gleichen rötlichen Sandsteinfarbton wie das verputzte Haupthaus. »Bei einem guten Umbau muss die Ergänzung vom Bestand und der Bestand von der Ergänzung profitieren«, findet Mang.

Links oben Licht und luftig wirkt der Wohnbereich. Ein flach geneigtes Satteldach, das von filigranen metallenen Zugstäben gehalten wird, überspannt den offenen Raum.

Links Mitte Viel Stauraum bietet die Küche mit einer Abdeckplatte aus gebürstetem Edelstahl. Nach außen öffnende Fenster sorgen für Frischluft, ohne bei der Arbeit zu stören.

Links unten Im Flur verschwindet die Garderobe hinter einer deckenhohen Schrankwand. Der robuste Bodenbelag aus Zementsichtestrich zieht sich bis in den Altbau hinein.

Rechts oben Decken- und Wandoberflächen aus gelaugtem und geseiftem Fichtenbrettsperrholz tragen überall zum homogenen Raumeindruck bei.

Rechts unten Schöne Aussichten in den Garten bietet das alkovenartige Sitzfenster auf der Westseite, das die Abendsonne ins Haus hereinholt.

Längsschnitt

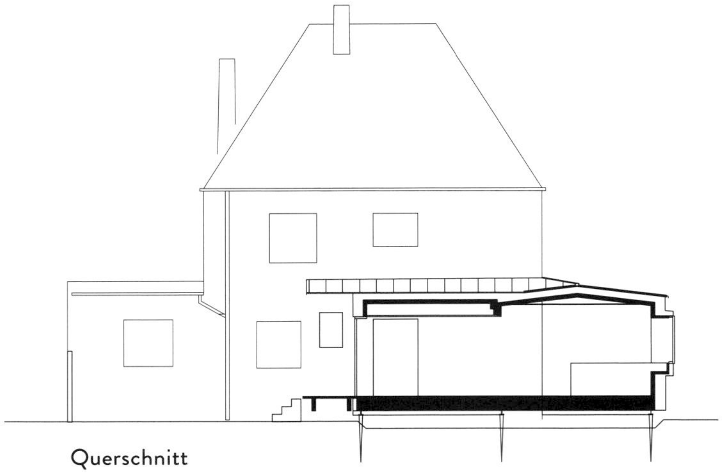

Querschnitt

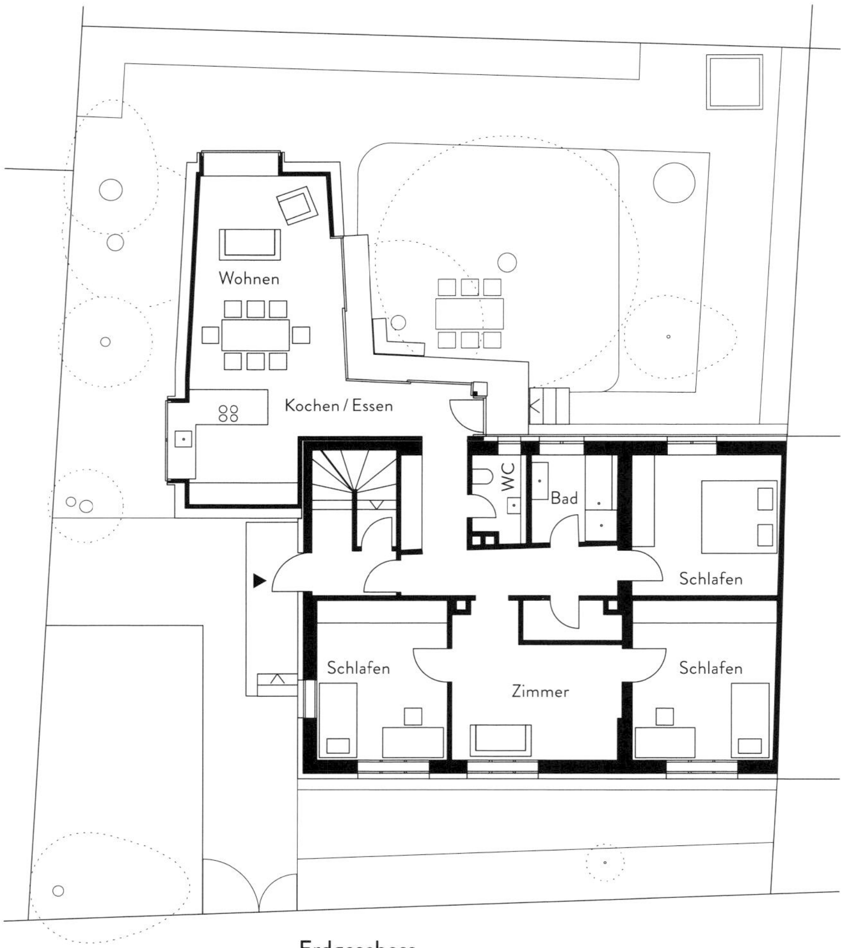

Erdgeschoss

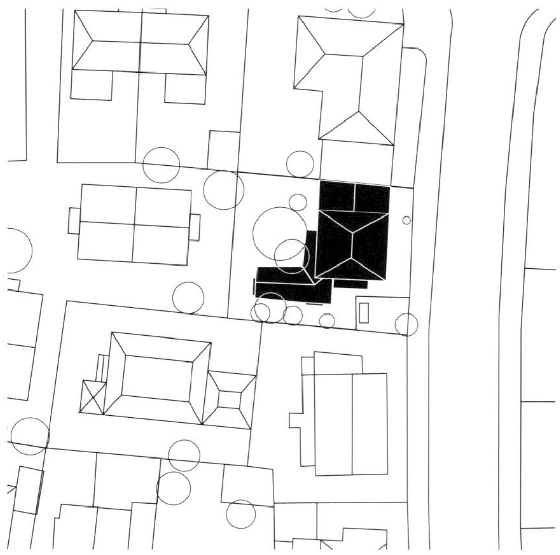

Lageplan

Kurzporträt

- Sanierung und Erweiterung eines Mehrfamilienhauses aus den 1930er-Jahren
- Vergrößerung der Wohnfläche durch Anbau
- Durchlaufende Glasfronten für fließende Übergänge zwischen Innen- und Außenraum
- Holz als umweltfreundliches, nachhaltiges Material für Konstruktion, Fassade und Innenausbau
- Minimale Eingriffe in den Baugrund, Schraubfundamente für optimalen Wurzelschutz
- Renovierung und Aufwertung der Wohnräume im Erdgeschoss
- Bestandsfenster für besseren Schall- und Wärmeschutz durch Zusatzfenster ertüchtigt

Gebäudedaten

Grundstücksgröße: 420 m^2
Wohnfläche: 123 m^2
Zusätzliche Nutzfläche: 36 m^2
Anzahl der Bewohner: 4
Bauweise: Brettsperrholzkonstruktion auf Schraubfundamenten (Anbau), Mauerwerk (Bestand)
Fassade: offene Brettschalung aus Fichtenholz mit Silikat-Anstrich (Anbau), Putz (Bestand)
Energiekonzept: kontrollierte Wohnraumlüftung mit Wärmerückgewinnung, Anschluss an bestehende Gasbrennwerttherme
Baujahr Bestand: 1930
Fertigstellung Anbau: 2019

Beurteilung der Jury

Anbauten an bestehende Wohnhäuser sollen den vorhandenen Raum erweitern, die Qualitäten des Bestands unterstützen und eine harmonische und zeitgemäße gestalterische Ergänzung zum eigentlichen »Mutterhaus« werden.
Dem Büro Und Mang Architektur gelang mit diesem kleinen hölzernen Anbau noch viel mehr. Aus einem scheinbar gewöhnlichen Wohnhaus aus den 1930er-Jahren wurde mit dem gartenseitigen Wohnzimmer ein besonderer Ort. Dieses bildet eine leise, aber offensichtliche Verbindung des Innenraums mit dem Garten und verschafft dem Ensemble durch Materialwahl, Farbe und Habitus auf wunderbare Weise Leichtigkeit, Einfachheit und Gelassenheit.
Der neue Baukörper wird im Sinne einer ökologisch nachhaltigen Bauweise aus massivem Fichtenholz konstruiert. Er schwebt erhöht über dem Garten und schont so den Wurzelraum des wertvollen Baumbestands. Die Jury beurteilt diese atmosphärische Aufwertung des Ortes sowie die sensible Konstruktionsart als eindrücklich nachhaltig.

Laura Jahnke

Anton Mang

» Die Öffnung über Eck macht den Wohnbereich dank raumhoher Glasschiebetüren zu einem echten Gartenzimmer, das seine Bewohner alle Jahreszeiten unmittelbar erleben lässt. «

3. Preis

ARCHITEKTUR MIT ALLTAGSQUALITÄTEN

Einfamilienhaus in Havixbeck / Westfalen

Kai Binnewies mit Jörgen Dreher Architektur

Vorherige Doppelseite Der kompakte Satteldachbau nutzt das leichte Gefälle im Gelände geschickt aus. Die Garage ist auf Straßenniveau in einen Betonsockel integriert.

Links Die helle Klinkerfassade betont die klaren Konturen des Hauses. Über eine Außentreppe auf der Westseite gelangt man von der Küche in den tiefer liegenden Garten.

Rechts Mit einem Split-Level-Grundriss passt sich das Haus dem Hang an. Die privaten Zimmer liegen in den unteren Etagen, der Wohnbereich erstreckt sich bis unters Dach.

Die Immobilienpreise steigen mittlerweile sogar im Einzugsgebiet von Großstädten in schwindelerregende Höhen – ein bezahlbares Baugrundstück zu finden, ist ein Glücksfall. Auch der aus Münster stammende Architekt Kai Binnewies und seine Familie waren bereits seit Längerem auf der Suche. Vor den Toren der Stadt, in der Gemeinde Havixbeck am Rande der Baumberge, wurden sie schließlich fündig. Die kleine Parzelle, die sie ergatterten, war durch Teilung entstanden und gehörte früher zum Garten des benachbarten Mietshauses, der jedoch nicht genutzt wurde. Dass das Areal trotz der angespannten Wohnsituation in Münster und Umgebung lange zum Verkauf stand, hatte gute Gründe: Zum einen wegen seiner Lage an einem leicht geneigten Nordosthang, zum anderen wegen der strengen baurechtlichen Bestimmungen – Kubatur, Dachneigung, aber auch Farb- und Materialwahl waren strikt vorgegeben. »Das Grundstück liegt im Geltungsbereich des Bebauungsplans ›Ortskern‹, weshalb ich meinen Entwurf im Gestaltungsbeirat vorstellen musste«, erklärt Binnewies.

Mit seinem schlüssigen Konzept gelang es dem Architekten nicht nur, die Gemeinde zu überzeugen, sondern auch der schwierigen Grundstückssituation gerecht zu werden. Zwar hielt er sich an die behördlichen Regeln, interpretierte das traditionelle Satteldachhaus jedoch neu. Entstanden ist ein archetypisch einfacher, kompakter Backsteinbau, dem sein knapper Dachrand und die verglasten Stirnseiten ein zeitgemäßes Aussehen verleihen. Die Fassaden werden von wenigen großen, unregelmäßig verteilten Öffnungen durchbrochen, an denen sich die innere Organisation bereits ablesen lässt: Mit einem Split-Level-Grundriss, der sich über insgesamt fünf Ebenen erstreckt, passt sich das Haus der Hanglage an.

Dabei entschied sich Binnewies für ein klares Ordnungssystem, das nicht nur sein Faible für Symmetrie verrät, sondern auch zu gut zugeschnittenen Räumen führt. Der Grundriss baut auf zwei mal drei Quadraten mit einer Seitenlänge von jeweils 3,5 Metern auf. »Alle Aufenthaltsräume haben die Proportionen eins zu eins oder eins zu zwei«, erläutert der Planer. Trotz dieser strengen Gliederung entsteht durch die versetzten Ebenen sowie den offenen Grundriss ein spannungsreiches Raumgefüge.

Bereits im Entree, das sich in einen Luftraum bis unter das geneigte Dach erstreckt, wird das Haus in seiner ganzen Dimension erlebbar. An die Diele schließen sich die privaten Rückzugsbereiche der vierköpfigen Familie an, die in den beiden unteren Etagen liegen. Einer leichten Holztreppe folgend gelangt man weiter nach oben, wo sich Essküche, Wohn- und Arbeitsbereich in loser Folge über die halbgeschossig versetzten Ebenen verteilen.

Große Glasfronten tragen überall zum lichten und luftigen Raumeindruck bei – wie etwa in der Küche, die sich sowohl auf die Straße als auch auf den rückwärtigen Garten orientiert. Ein Kaminofen mit integrierter Holzlege dient als Raumteiler und Wärmespender, während eine Festverglasung Sichtkontakt zum höherliegenden Wohnbereich hält, der das kommunikative Zentrum des Familienlebens ist. Über die transparenten Giebel sowie die Fenster der Ost- und Westfassaden fällt das Licht von allen Seiten herein und taucht den Raum je nach Tages- und Jahreszeit in wechselnde Stimmungen. Davon profitiert auch das Home-Office, das in der obersten Etage untergebracht wurde.

Bei der Umsetzung seines Projekts, für dessen Ausführungsplanung und weitere Realisierung Binnewies das Architekturbüro Jörgen Dreher hinzuzog, setzte er auf wenige und dauerhafte Materialien: Klinker für die Gebäudehülle, Holz für die Fenster, Türen, Treppen und Bodenbeläge. Dem reduzierten äußeren Erscheinungsbild des Hauses entspricht auch das unprätentiös gestaltete Interieur, in dem weiße Decken und Wände sowie helles Eichenparkett einen neutralen Hintergrund für das bunte Familienleben bilden. Auch an die Zukunft ist bereits gedacht: Der Kindertrakt in der Eingangsebene lässt sich eines Tages ohne viel Aufwand in eine vom Garten aus zugängliche Einliegerwohnung verwandeln.

Links oben Eine deckenhohe Verglasung holt viel Licht in die Essküche. Im Interieur kontrastieren schalungsraue Oberflächen aus Sichtbeton mit warmtonigem Eichenholzparkett.

Links unten Der Essplatz hält über eine Glasscheibe Sichtkontakt zum Wohnraum. Der Kamin dient als stimmungsvoller Wärmespender und lässt sich von beiden Seiten befeuern.

Rechts oben Der offene Wohnbereich ist kommunikativer Mittelpunkt des Familienlebens und wird über die vollverglasten Giebel zusätzlich mit Tageslicht versorgt.

Rechts unten Die Räume gehen auf leicht versetzten Ebenen fließend ineinander über. Eine Holztreppe führt hinauf zur Arbeitsgalerie, die sich nach Norden orientiert.

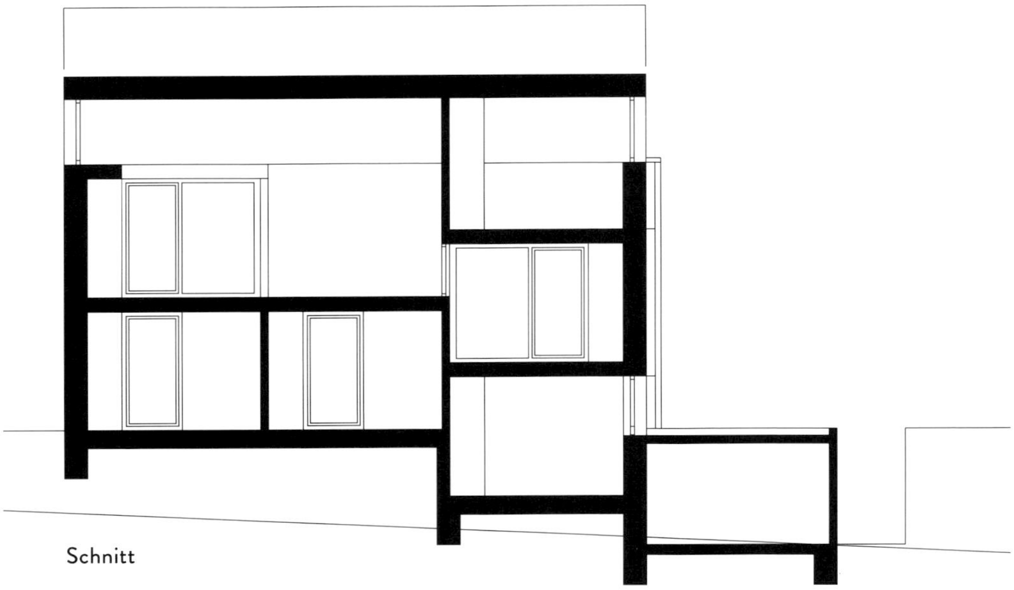
Schnitt

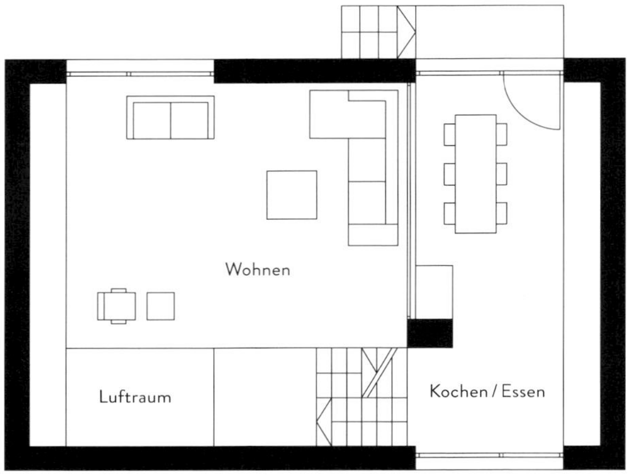

Obergeschoss

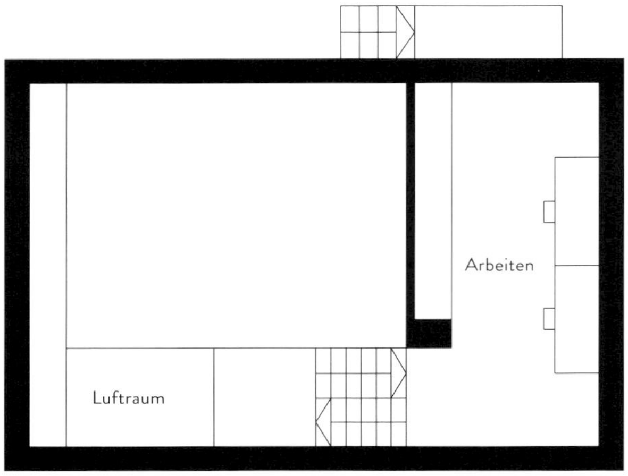

Dachgeschoss

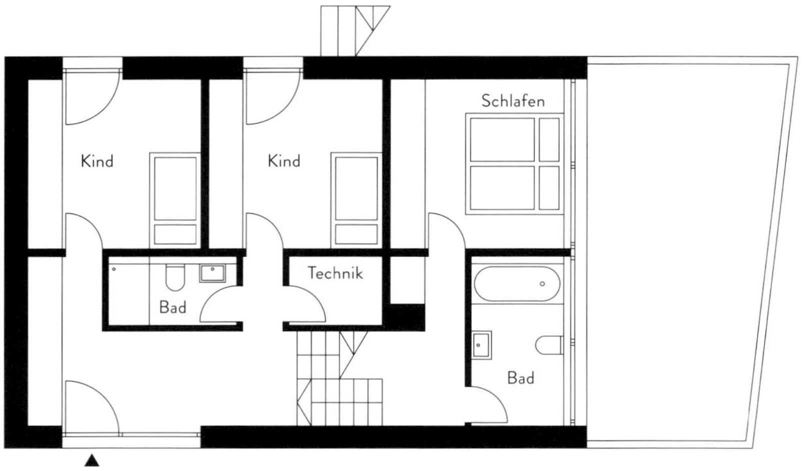

Eingangsebene

Lageplan

Kurzporträt

- Nachverdichtung mit Einfamilienhaus auf kleinem Restgrundstück nahe dem Ortskern
- Baukörper mit Split-Level-System in Hang eingebettet
- Straff organisierter Grundriss mit minimalen Verkehrsflächen
- Flexible Raumorganisation, Abtrennung einer Einliegerwohnung im Erdgeschoss möglich
- Einsatz solider, langlebiger Baustoffe wie Klinker, Holz
- Reduzierter Innenausbau mit wenigen Materialien, Verzicht auf alle nicht unbedingt notwendigen Bauteile
- Energieeffizienz dank kompakter Bauweise und massiver Außenhülle mit zweischaligem Wandaufbau

Gebäudedaten

Grundstücksgröße: 385 m^2
Wohnfläche: 157 m^2
Zusätzliche Nutzfläche: 26 m^2 (Garage)
Anzahl der Bewohner: 4
Bauweise: Massivbau auf Betonsockel, zweischaliger Wandaufbau mit Kerndämmung (Kalksandstein / Stahlbeton, Ziegelvorsatzschale)
Fassade: Vormauerschale aus Vollklinkern
Baukosten gesamt: 320.000 Euro
Energiekonzept: zentraler Kaminofen, ergänzende Luft-Wasser-Wärmepumpe, passive solare Gewinne
Heizwärmebedarf: 52,8 kWh/m^2a
Primärenergiebedarf: 44,2 kWh/m^2a
Fertigstellung: 2019

Beurteilung der Jury

Trotz enger baurechtlicher Vorgaben und kleinem, schwierigem Grundstück ist dem Verfasser ein städtebaulich, architektonisch und innenräumlich überzeugendes Beispiel für eine Nachverdichtung gelungen. Mit seiner klaren Formensprache und anspruchsvoll gestalteten Fassade besetzt das Gebäude den Bauplatz und nutzt die Hanglage zu einer Split-Level-Architektur, die Innen- und Außenräume wohlüberlegt miteinander verbindet sowie den offenen Grundriss des Kubus differenziert über alle Ebenen mit Tageslicht versorgt.
In Kombination mit der überzeugenden Innenraumgestaltung, der Reduzierung von Einbauten und der Verwendung von dauerhaften Materialien ist hier eine schlüssige Lösung entstanden, die als ausgesprochen nachhaltig bezeichnet werden kann.
Die Jury sieht im Haus Binnewies ein ausgezeichnetes Beispiel für ein hervorragend gestaltetes, nachhaltiges und suffizientes Einfamilienhaus.

Thomas Penningh

Kai Binnewies

» Trotz der klaren Grundrissgliederung entsteht in Verbindung mit den versetzten Geschossebenen ein vielschichtiges und immer wieder überraschendes Raumgefüge. «

Interior-Preis

ERFOLGREICH WIEDERBELEBT

Wendenius-Hof in Hainau / Taunus

Marc Flick

Nach dem Zweiten Weltkrieg gab es in dem Dörfchen Hainau im Taunus 25 Bauernhöfe, mittlerweile sind es nur noch drei. Der Strukturwandel im ländlichen Raum hat auch hier seine Spuren hinterlassen – zurück bleiben leer stehende Gebäude, für die sich oft keine neue Nutzung findet. Auch der historische Dreiseithof schien ein solch hoffnungsloser Fall zu sein: Er wurde Ende des 18. Jahrhunderts von seinem Namensgeber Wendenius erbaut und bestand aus einem Wohnhaus, einer Werkstatt mit Schweinestall, einer Scheune sowie einer Remise. Das meiste davon stand seit Jahrzehnten leer und war in einem entsprechend desolaten Zustand, als die Bauherrenfamilie den Hof 2017 erwarb, um ihn zu einem Feriendomizil für sich und ihre Gäste zu verwandeln.

»Das Konzept für das Ensemble stand schnell fest«, erinnert sich Marc Flick, der den Umbau des denkmalgeschützten Hofes übernahm: Das Wohnhaus sollte zu einem reinen Schlaftrakt für bis zu 12 Personen werden, die ehemalige Werkstatt als gemeinsamer Aufenthaltsbereich mit Essküche und Lounge dienen. Zur Refinanzierung des aufwändigen Projekts war geplant, die Scheune als Veranstaltungsort, etwa für Hochzeiten, zu vermieten. Und in der Remise sollten ein Kinderspielbereich sowie Heiz- und Nebenräume untergebracht werden.

Als erstes der vier Gebäudeteile wurde die Werkstatt denkmalgerecht saniert und umgebaut. Mit dem Wegfall von Trennwänden und Deckenelementen hat sie sich in einen lichten und luftigen Gemeinschaftsraum verwandelt, der teilweise bis unters Dach reicht. Die Küche wurde an der Nordwand des einstigen Stalls installiert und hält mit einem neuen Sitzfenster Blickkontakt in den Garten. Sie wird von einer umlaufenden U-förmigen Sichtbetonwand räumlich gefasst, die mehrere Funktionen erfüllt: Sie ist Ringanker, Unterzug, Abdichtung und Heizung zugleich – und versorgt das Hausinnere mittels Kernaktivierung mit Strahlungswärme. Ebenfalls massiv gegossen ist die Treppe, die zur Lounge im Dachgeschoss führt. Unterhalb der Stufen ist ein kleiner Stauraum integriert, in dem sich die Gebäudetechnik verbirgt. Weiße Decken und Wände sowie hellgrauer Betonboden prägen das dezent möblierte Interieur.

Auch das Äußere des Hauses wurde behutsam aufgefrischt, ohne seinen schlichten Charakter zu verfälschen. Die 120 Jahre alten Sprossenfenster und die Eingangstür wurden restauriert, teilweise aufgedoppelt oder innenseitig mit einer zusätzlichen Glasscheibe versehen, um ihre Dämmwerte zu verbessern. Andere Öffnungen erhielten nur eine Festverglasung und einen außenliegenden Holzrahmen. Die Fassade überzieht eine historische, grau-weiße Natursteinschlämme. »Die eingesetzten Materialien sind in ihrer Farbgebung und Textur genauso simpel und funktional wie die des Bestandsbaus«, erläutert der Architekt.

Wesentlich aufwändiger geriet die Sanierung des Wohnhauses, in dem frühere Renovierungen mehr Schaden als Nutzen angerichtet hatten. Dabei kamen nicht nur viele Schichten PVC, Teppiche und Tapeten zum Vorschein – »nach dem Freilegen der Bausubstanz zeigte sich ein erschreckendes Bild«, so Flick. Die uralte, in Zementputz eingehüllte Fachwerkkonstruktion war verfault, sodass große Teile ausgetauscht werden mussten. Aber es gab auch positive Überraschungen, wie etwa die historischen Wandbemalungen, die restauriert wurden. »Qualitäten erkennen und herausarbeiten, nicht mehr Brauchbares entfernen und Neues passend in den Bestand eingliedern«, so lautete Flicks Devise bei dieser sensiblen Transformation.

Auch energetisch ist das Hofensemble wieder auf der Höhe der Zeit – ohne dabei dick aufzutragen: Die Aufsparrendämmung des historischen Dachstuhls stört die filigranen Proportionen nicht. Großen Wert legten alle Beteiligten auf natürliche Materialien und ökologische Baustoffe. Es wurden ausschließlich Holzweichfaserdämmstoffe eingesetzt, das Schlafhaus ist innen mit hellgrau gefärbtem Lehm verputzt. Massive Eichendielen ersetzen die maroden Holzböden, die Zementfliesen im Flur stammen aus einem abgerissenen Bauernhaus. »Der nachhaltigste Aspekt besteht jedoch darin, dass der gesamten Anlage eine neue Funktion zugeführt wurde«, findet der Architekt.

Vorherige Doppelseite Mit gezielten Eingriffen in die historische Bausubstanz ist aus der einstigen Werkstatt ein lichtdurchfluteter, loftartiger Aufenthaltsraum geworden.

Linke Seite Das Hofensemble besteht aus der ehemaligen Werkstatt mit Stall (links), dem früheren Wohnhaus im Fachwerkbau (rechts) sowie einer Scheune samt Remise.

Unten Die Gebäude umschließen in ihrer Mitte einen geschützten Innenhof, der auf der Gartenseite im Westen in eine neu angelegte Terrasse mit Swimmingpool übergeht.

Ganz unten beide Zeitgemäße Transformation: Der Bestand wurde denkmalgerecht saniert. Neu hinzugefügte Elemente, wie etwa die Fenster, sind jedoch deutlich ablesbar.

Links oben Die Werkstatt wurde zugunsten eines offenen Raumkontinuums entkernt und bis unter den First geöffnet. Die Galerieebene dient als separater Rückzugsbereich.

Links unten Eine neue Sichtbetontreppe führt in die obere Etage und bietet in ihrem Innern zusätzlichen Stauraum: Hinter der Holzklappe verbirgt sich die Haustechnik.

Rechts oben Alt und Neu auf einem Nenner: Die historischen Sprossenfenster wurden von einem Spezialisten restauriert und tragen zum unverwechselbaren Wohnambiente bei.

Rechts unten Die lange Tafel bietet reichlich Platz für Gäste und gesellige Treffen. Der Bodenbelag ist aus geschliffenem Beton und wurde mit Wasserglas versiegelt.

Links oben Das frühere Bauernhaus wurde in einen reinen Schlaftrakt umgewandelt und hat sich mit seinen kleinen, verwinkelten Räumen seinen historischen Charme bewahrt.

Links Mitte Schöner Empfang: Der Eingangsbereich wurde neu gestaltet, die Zementfliesen stammen aus einem Abbruchhaus und kommen als Bodenbelag hier gut zur Geltung.

Links unten Auch die – teils mit Schieferplatten verkleidete – Fachwerkfassade wurde aufgefrischt, alle sichtbaren Holzteile sind mit gekochtem Leinöl farbig angelegt.

Oben Im ausgebauten Dachgeschoss ist ein großzügiger Schlafraum entstanden, der über die gesamte Etage reicht. Ein kompakter Kern im Zentrum nimmt die Nasszelle auf.

Rechts Für individuelles Flair sorgen auch die historischen Wandmalereien: Sie waren unter alten Tapeten und Anstrichen verborgen und wurden liebevoll restauriert.

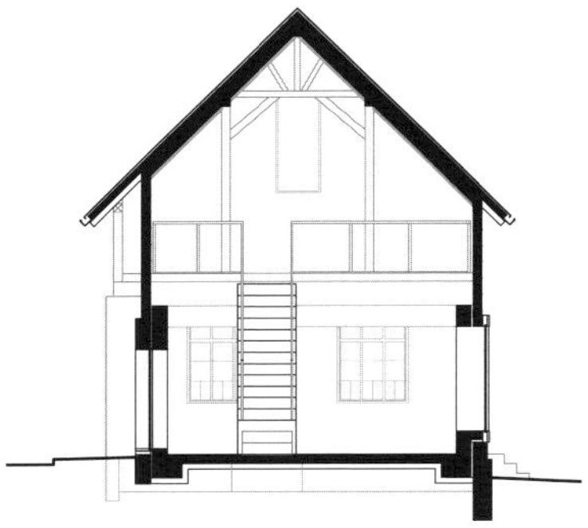

Schnitt Werkstattgebäude

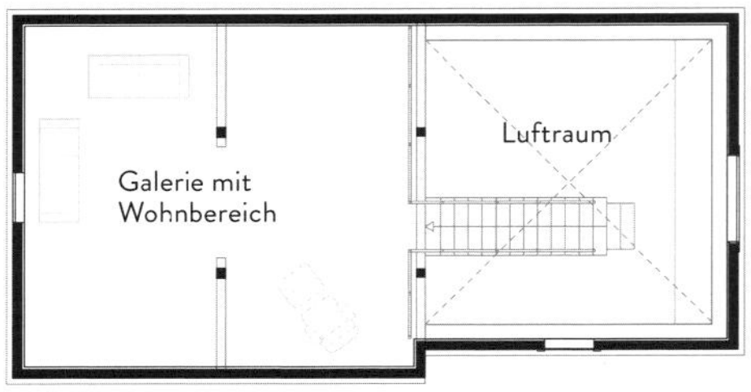

Obergeschoss Werkstattgebäude

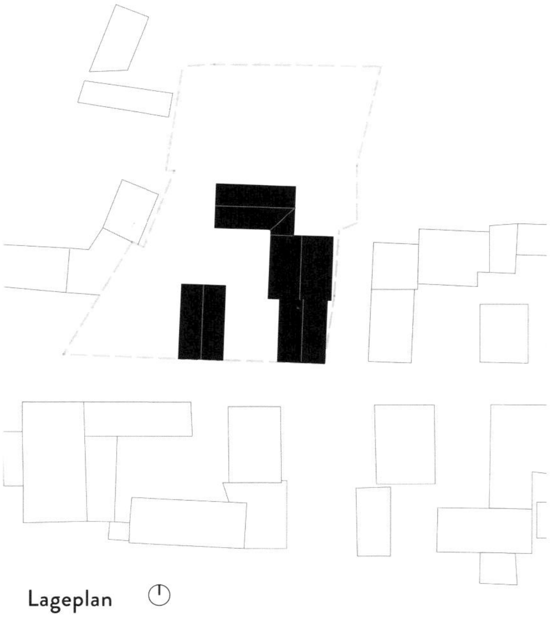

Lageplan

Erdgeschoss Ensemble

Kurzporträt

- **Erhalt und Umnutzung eines leer stehenden, historischen Dreiseithofes zu Wohnzwecken**
- **Denkmalgerechte Sanierung und Umbau**
- **Instandsetzung von Fachwerk und Fundamenten; Brand- und Schallschutzmaßnahmen**
- **Restaurierung erhaltenswerter Bauteile wie Fenster und Türen**
- **Energetische Ertüchtigung, Dachdämmung und Innendämmung der Wände**
- **Einsatz nachhaltiger, umweltfreundlicher Baustoffe: Holz, Lehm- und Kalkputze, Schiefer, Holzweichfaserdämmung**
- **Wiederverwendung von Abbruchmaterial (Ziegel, Zementfliesen)**

Gebäudedaten

Grundstücksgröße: 1.773 m²
Wohnfläche: 266 m²
Zusätzliche Nutzfläche: 175 m²
Anzahl der Bewohner: bis zu 12 Personen
Bauweise: Fachwerk- und Massivbau
Fassade: Natursteinschlämme (Werkstatt), Fachwerk mit Leinöl, Gefache mit Kalkstrukturputz (Schlafhaus)
Baukosten gesamt: 674.000 Euro
Energiekonzept: zentrale Pelletheizung in der Remise
Primärenergiebedarf: 74,6 kWh/m²a (Werkstatt), 63,4 kWh/m²a (Schlafhaus)
Baujahr Bestand: Ende 18. Jahrhundert
Fertigstellung Umbau: 2019

Beurteilung der Jury

Der Dreiseithof im Taunus aus dem späten 18. Jahrhundert ist typisch für bäuerliche Betriebe in der Region und als Bauform prägend für viele Orte und Gemeinden. Die neuen Nutzungen bedingten allerdings Veränderungen und Eingriffe, die über eine reine Rekonstruktion hinausgehen.
Insbesondere die ehemalige Werkstatt mit anschließendem Stall wurde im Innern zugunsten eines zusammenhängenden, großzügigen Raumgefüges entkernt und neu geordnet. Eine Intervention aus Sichtbeton prägt nun das Erdgeschoss. Die neuen Wandteile und die Treppe übernehmen dabei Aufgaben des Tragwerks, der Abdichtung und sind als Flächenheizung nutzbar. Ihr Einsatz ist zugleich gestalterisch für den Innenraum prägend. Alte Bauteile wie Sprossenfenster und neue Öffnungen mit schlichten unprätentiösen Holzrahmen sowie die eingebaute Küche ergeben einen sehr stimmigen und geradezu heiteren Raumeindruck. Farben werden reduziert, aber sehr präzise gesetzt und schaffen zusammen mit der hellen Materialität des Betons und den historischen Elementen eine angenehme Atmosphäre.

Susanne Wartzeck

Marc Flick

» Der nachhaltigste Aspekt besteht darin, dass der gesamten Anlage eine neue Funktion zugeführt wurde: Bis auf das Wohnhaus waren die Gebäude jahrzehntelang ungenutzt. «

Auszeichnung

BLÜHENDE ZUKUNFT

Green Dwelling bei Hannover

Baumraum

Vorherige Doppelseite Wohngebäude und Baumhaus sind eingebettet in eine wildromantische Gartenlandschaft, die mit unzähligen Stauden, Gräsern und Gehölzen bepflanzt ist.

Links Das Gründach trägt nicht nur mit dazu bei, den Neubau in sein natürliches Umfeld einzubinden, sondern dient auch als Retentionsfläche und zusätzliche Dämmung.

Rechts oben Große Glasfronten geben gezielte Ausblicke in die Umgebung frei. An das weitläufige, leicht geneigte Hanggrundstück schließt sich im Westen ein Waldstück an.

Rechts unten Auffallend unauffällig gibt sich der Bungalow nach außen hin. Seine Fassade ist aus sägerauem, unbesäumtem Kastanienholz, das bereits zu vergrauen beginnt.

Eigentlich ist Andreas Wenning Spezialist für Baumhäuser – mit zahlreichen aufsehenerregenden Projekten hat sich der Bremer Architekt auch international einen Namen gemacht. Kein Wunder also, dass sich seine Bauherren zunächst wegen eines Baumhauses an ihn wandten. Zuvor hatten sie durch einen glücklichen Umstand in unmittelbarer Nachbarschaft ihres bisherigen Domizils ein Traumgrundstück erworben: ein großzügiges Areal in Hanglage mit Blick auf den angrenzenden Wald im Westen. Da sie vorhatten, auf dem Gelände auch ihr neues Wohnhaus zu errichten, vergrößerte sich das Projekt bald nach der ersten Kontaktaufnahme mit Wenning – und dieser erhielt schließlich auch den Auftrag für das Wohngebäude. »Eine sehr reizvolle Planungsaufgabe, die in dieser Kombination nicht oft vorkommt«, so der Architekt.

Die Vorstellungen seiner Auftraggeber waren klar umrissen: Angesichts der naturnahen Lage sollte der Neubau möglichst viele Bezüge zum Außenraum haben und zugleich unterschiedliche Rückzugsmöglichkeiten bieten. Ein besonderes Anliegen war ihnen zudem eine ökologische Bauweise. »Der Wunsch, Holz als wesentlichen Baustoff zu verwenden, kam uns sehr entgegen«, stellt Wenning rückblickend fest.

Nachdem in der ersten Planungsphase verschiedenste Konzepte entworfen und wieder verworfen wurden – darunter auch Varianten mit metallisch gestalteten Fassadenbereichen und unterschiedlichen Dachformen – überzeugte schließlich der Vorschlag des Architekten, das Wohnhaus tief in das Gelände einzubetten, um auf diese Weise eine starke Verschmelzung von Gebäude und Außenraum zu erreichen. Mit seiner Fassadenverkleidung aus sägerauem, unbesäumtem Kastanienholz, das bereits zu vergrauen beginnt, sowie dem begrünten Dach fügt sich der eingeschossige Neubau zurückhaltend in seine natürliche Umgebung ein. Seine polygonale Umrissform erinnert von oben betrachtet an ein spiegelverkehrtes Z – im Gebäudeinnern trägt dies mit dazu bei, den offenen Grundriss in verschiedene Nutzungszonen zu gliedern.

An den Eingang mit Garage und Nebenräumen im Norden schließt sich ein großzügiger zusammenhängender Wohn-, Koch- und Essbereich an. Er öffnet er sich an beiden Längsseiten mit bodentiefen, durchlaufenden Glaselementen auf den Garten im Osten und Westen, sodass die Natur fast durch das Haus hindurchzufließen scheint. Von der schönen Aussicht ins Grüne können auch die privaten Rückzugsräume profitieren: Im hinteren Bereich des Gebäudes sind Schlaf- und Gästezimmer sowie Bad und Saunabereich untergebracht.

Holz bestimmt nicht nur das äußere Erscheinungsbild des Hauses, sondern auch seine Konstruktion und den Innenausbau. Das Dach, sämtliche Wände und sogar die Bodenplatte wurden aus massiven Brettsperrholzplatten errichtet. Die Fertigteile haben innenliegende Sichtflächen aus Lärchenholz, die unbehandelt blieben und mit ihren natürlichen, lebhaft gemaserten Oberflächen den Raumeindruck im ganzen Haus prägen. In Kombination mit dem warmtonigen Bodendielen aus Eiche sowie den farblich dezenten Möbeln, Textilien und Teppichen entstand eine ebenso behagliche wie zeitgemäße Wohnatmosphäre.

Welchen großen Wert die Bauherren auf eine harmonische Einheit von Haus und Garten legten, lässt sich auch an der aufwändigen Gestaltung der Außenanlagen ablesen. Die Staudenspezialistin Petra Pelz ließ in Zusammenarbeit mit dem Garten- und Landschaftsbauer Peter Berg hier ein wahres Pflanzenparadies entstehen: Der Höhensprung im Gelände wurde mit Natursteinblöcken terrassiert, anschließend wurden unzählige Stauden, Gräser sowie kleinere Gehölze im Garten und auf dem Dach des Gebäudes angepflanzt.

Von Beeten flankiert ist auch der Weg hinauf zum Baumhaus, das sich in einer Eiche an der westlichen Grundstücksgrenze verbirgt. Mit seiner reflektierenden Außenhaut aus Edelstahl, in der sich die umgebende Natur widerspiegelt, fällt es kaum auf. Über Treppen erreicht man eine komfortable Kabine auf knapp 6 Metern Höhe. Sie ist mit gepolsterten Sitzbänken ausgestattet und dient als ruhiger Rückzugsort und Aussichtsposten zugleich.

Links oben Schöne Aussichten ins Grüne bietet auch die offene Küche, die im Nordwesten liegt. Eine Übereckverglasung sorgt für die optimale Belichtung der Arbeitsfläche.

Links unten Jeder Raum hat eine intensive Sichtbeziehung und einen direkten Zugang zum Garten. Im Gästezimmer fangen bodentiefe Verglasungen die Morgensonne ein.

Rechts oben Küche, Ess- und Wohnbereich gehen fließend ineinander über, breite Glasschiebetüren an beiden Längsseiten holen das Licht und die Landschaft herein.

Rechts unten Holz prägt den Raumeindruck im ganzen Haus: Die Bodendielen sind aus Eiche, Decken und Wände des Massivholzbaus haben Sichtflächen aus unbehandelter Lärche.

Unten Rückzugsort mit Rundblick: Die Baumhauskabine ist mit bequemen Sitzbänken ausgestattet, die sich mit mobilen Elementen zum Bett erweitern lassen.

Ganz unten Die Terrassenplattform dient als zusätzlicher Freisitz in luftiger Höhe. Sie ist mit Seilkonstruktionen und Gurtschlaufen in die alte Eiche eingehängt.

Rechts Das Baumhaus ruht auf sieben konisch geformten, schrägen Stützen aus Eichenleimholz. Mit seiner reflektierenden Fassade verschwindet es fast im Blätterwald.

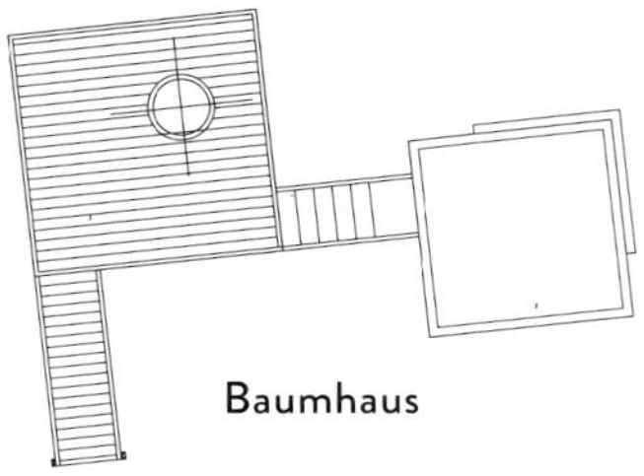

Baumhaus

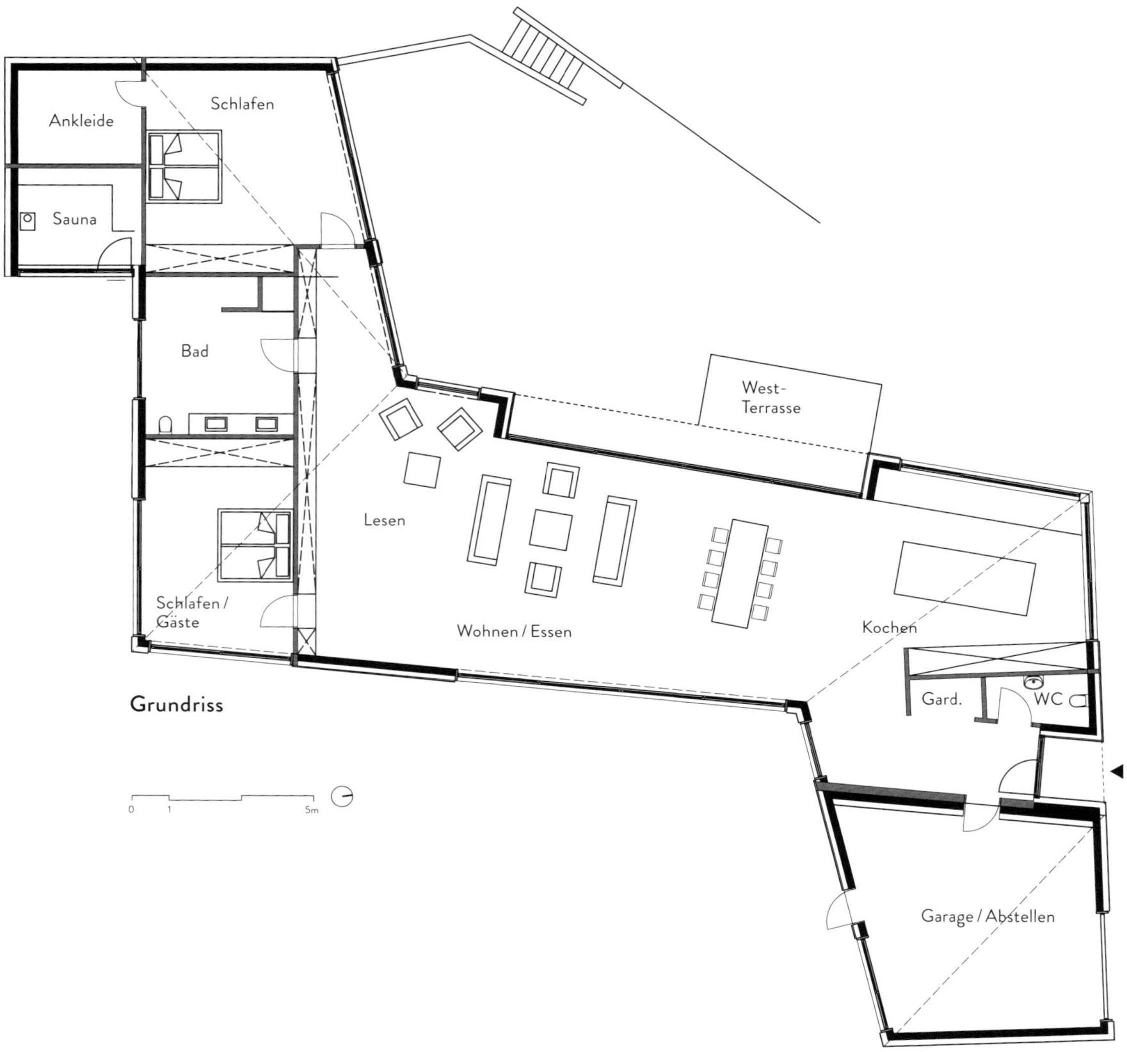

Grundriss

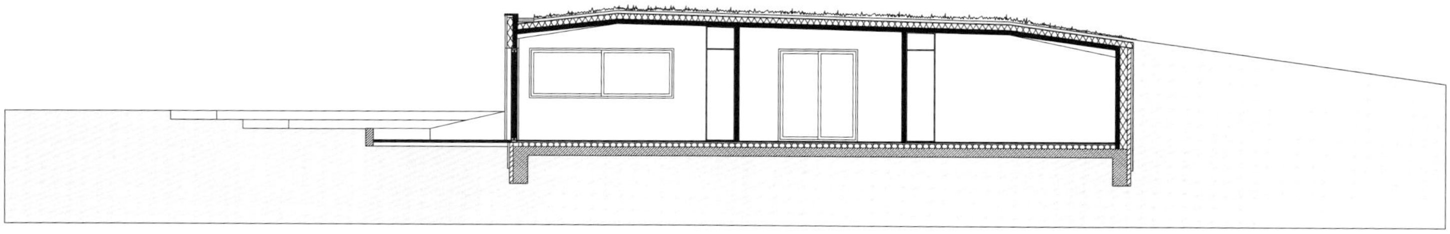

Schnitt

Kurzporträt

» Wohnhaus mit Baumhaus auf Hanggrundstück am Waldrand

» Baukörper in geneigtes Gelände eingebettet

» Z-förmiger Grundriss für vielfältige Blickbezüge zum Außenraum

» Holz als nachhaltiger Baustoff für Konstruktion, Fassade und Innenausbau; unbehandelte Oberflächen

» Extensiv begrüntes Dach als Retentionsfläche und Klimapuffer

» Verzicht auf Flächenversiegelung im Außenbereich, keine gepflasterten Freisitze

» Haus und Garten als harmonische Einheit; naturnahe, insektenfreundliche Bepflanzung der Außenanlagen

Gebäudedaten

Grundstücksgröße: 2.000 m^2
Wohnfläche: 250 m^2
Baumhaus: 8 m^2
Zusätzliche Nutzfläche: 40 m^2
Anzahl der Bewohner: 2–4
Bauweise: Holzmassivbau mit Holzwolledämmung
Fassade: Boden-Deckelschalung aus sägerauem Kastanienholz (Wohnhaus), hoch spiegelnder Edelstahl (Baumhaus)
Energiekonzept: Gas-Brennwerttherme, Fußbodenheizung, kontrollierte Wohnraumlüftung
Heizwärmebedarf: 76,1 kWh/m^2a
Primärenergiebedarf: 78 kWh/m^2a
Fertigstellung: 2018

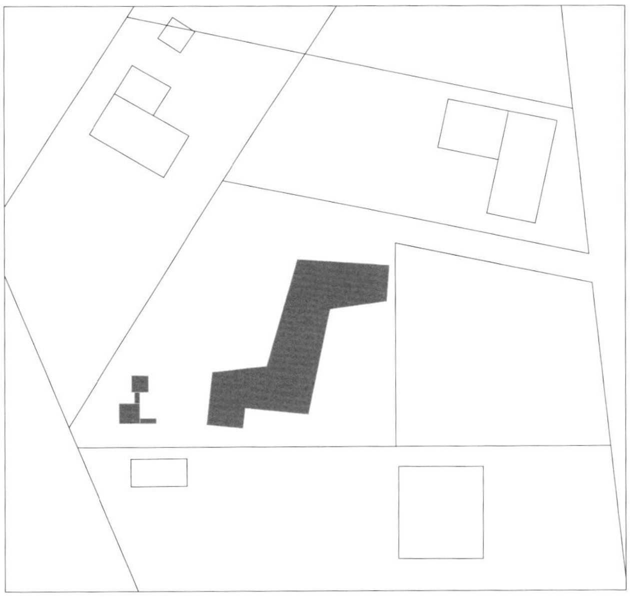

Lageplan

Andreas Wenning, Baumraum

» Entwurfsidee war es, das Wohnhaus tief in das Gelände einzubetten, um eine starke Verschmelzung von Gebäude und Außenraum zu erreichen. «

Auszeichnung

AUSSEN KOMPAKT, INNEN KOMPLEX

Dreifamilienhaus in Landsberg am Lech

StudioRauch

Vorherige Doppelseite Dunkle Schale, lichter Kern: Nach außen hin präsentiert sich der Neubau mit schwarz lasierter Holzfassade, in seinem Innern dominieren helle Töne.

Links Das Mehrfamilienhaus liegt in zweiter Reihe in einem gewachsenen Wohnviertel und fügt sich mit seinem Walmdach zurückhaltend in die bestehende Bebauung ein.

Rechts oben Im Erdgeschoss ist ein kompaktes Zweipersonen-Appartement untergebracht, das sich nach Südosten orientiert. Eine Treppe führt zum Arbeitsraum im Souterrain.

Rechts unten beide Essküche und Wohnbereich gehen ineinander über, Bad und WC sind in einen zentralen Kern integriert, der das Schlafzimmer vom Allraum abteilt.

Was früher durchaus üblich war, nämlich dass mehrere Generationen gemeinsam unter einem Dach wohnten, kommt mittlerweile wieder in Mode – nicht zuletzt, weil das Leben in einer Hausgemeinschaft allen Parteien praktische Vorteile bieten kann. Auch bei diesem Projekt in Landsberg am Lech hatten drei Familien – darunter die des Architekten – beschlossen zusammenzuziehen. Der Bauplatz, auf dem ihr neues Haus entstehen sollte, war durch Teilung eines Gartengrundstücks entstanden: Er liegt in zweiter Reihe in einem gewachsenen Wohngebiet aus den 1930er-Jahren, nur wenige Gehminuten von der Altstadt entfernt.

Das Baurecht sah auf dem Areal allerdings lediglich ein Gebäude in der Größe eines Einfamilienhauses vor. Die pragmatische Devise des Architekten Stephan Rauch für das familiäre Mehrgenerationenprojekt lautete daher »größtmögliche Suffizienz im Volumen eines Einfamilienhauses«. Dass dies nicht mit einem Standardgrundriss funktionierte, versteht sich von selbst. Stattdessen hat Rauch die teilweise über mehrere Etagen reichenden Einheiten so raffiniert miteinander verwoben, dass sie jeder Partei nicht nur größtmögliche Privatheit bieten, sondern auch das Gefühl vermitteln, jeweils in einem eigenen Haus zu wohnen.

Entstanden ist ein kompakter Baukörper, der sich mit seinem Walmdach zurückhaltend in die bestehende Bebauung einfügt und hinter seiner dunklen Holzfassade ein komplexes Innenleben führt: mit einem altersgerechten Appartement in den unteren Ebenen, einem Reihenhaus im Haus sowie einer Maisonettewohnung. »Jede Familie hat ihren eigenen Bereich, und viel wichtiger: Die Wohnungen spiegeln deren individuelle Bedürfnisse und Wünsche maximal wider«, erläutert der Architekt sein Konzept.

Um die zur Verfügung stehende geringe Fläche optimal zu nutzen, hat Rauch keinen Zentimeter verschenkt und auch das Untergeschoss zu Wohnzwecken aktiviert. Wie etwa im Reihenhaus auf der Westseite: Das natürlich belichtete Souterrain kann als Wohn- oder Schlafraum genutzt werden, das Erdgeschoss mit Essküche und Gartenzugang dient der dreiköpfigen Familie als zentraler Aufenthaltsbereich. Das Obergeschoss mit Kinderzimmer und Bad wird über eine offene Galerie erschlossen, die sich die Eltern zurzeit als Schlafraum eingerichtet haben. Die aufgeglaste Fassade fängt das Licht und die Westsonne ein, von der die Bewohner bis spätabends profitieren können.

Kompakt angelegt ist auch das altersgerechte Zweipersonen-Appartement auf der Ostseite. Das Erdgeschoss bildet mit Küche, Ess- und Wohnbereich ein luftiges Raumkontinuum, das vom angrenzenden Schlafzimmer nur durch einen eingestellten Kern mit WC und Duschbad abgeteilt ist. Eine offene Treppe führt zu einem Arbeitsraum im Souterrain, an den sich ein kleiner Gästetrakt anschließt. Dieser ist über das zentrale Treppenhaus auch für alle anderen Bewohner erreichbar und lässt sich je nach Bedarf flexibel nutzen.

Die Maisonettewohnung der Architektenfamilie erstreckt sich über Teile des Obergeschosses sowie die gesamte Dachetage. Auch hier setzte Rauch auf maximale Raumökonomie: Die privaten Zimmer der vierköpfigen Familie sind nicht durch Trennwände, sondern durch deckenhohe Einbaumöbel – die zugleich als Stauraum, Garderobe, Sitzbank oder Schreibplatz fungieren – unterteilt. Ebenso effizient organisiert ist auch der zusammenhängende Wohn-, Koch- und Essbereich in der obersten Etage, die mit zwei Dachterrassen den Blick auf den vorbeifließenden Lech und die Altstadtkulisse freigibt. Das einfallende Licht wird von den durchgängig in Weiß gehaltenen Decken, Wänden, Einbauten und Estrichböden reflektiert, die zum homogenen Raumeindruck beitragen. Nach außen hin präsentiert sich das Haus hingegen mit einer schwarz lasierten Hülle aus sägerauem Fichtenholz. Das Gebäude selbst ist ein Ziegelmassivbau, der zusätzlich eine Holzfaserdämmung erhielt, was seinen Wärmebedarf – und damit auch die Heizkosten – erfreulich niedrig hält.

Links oben Luft nach oben bietet das Kinderzimmer in der westlichen Haushälfte: Der Hohlraum dient als Ausbaureserve und kann als Nische für ein Hochbett genutzt werden.

Links unten Licht und luftig wirkt auch die angrenzende Galerie im Obergeschoss, die sich die Eltern zurzeit als Schlafraum eingerichtet haben.

Rechts Die Wohnküche im Erdgeschoss orientiert sich auf den Garten. Helle Möbel und weiß beschichteter Estrichboden lassen den kompakten Raum optisch größer wirken.

Links Ganz in Weiß gestaltet ist auch die Maisonettewohnung der Architektenfamilie, die sich bis in die Dachetage erstreckt und beste Aussichten auf die Altstadt bietet.

Unten Maßgefertigte Schreinereinbauten aus lasierten Fichte-Dreischichtplatten sparen zusätzliche Möbel – und nutzen auch im Elternzimmer jeden Zentimeter sinnvoll aus.

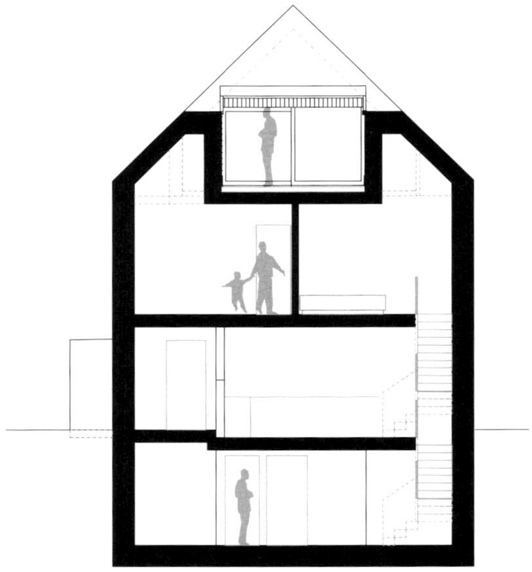

Schnitt

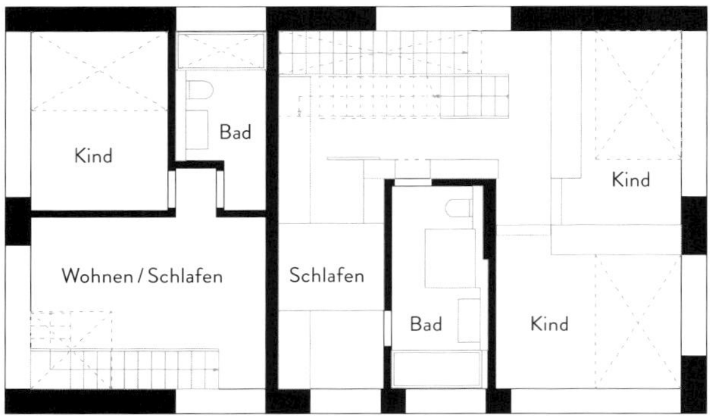

Obergeschoss

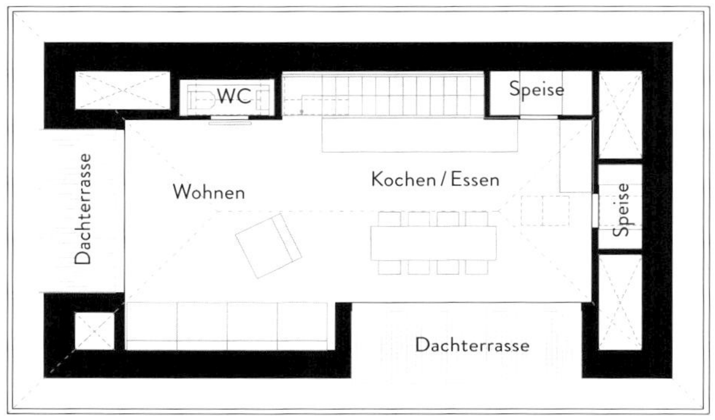

Dachgeschoss

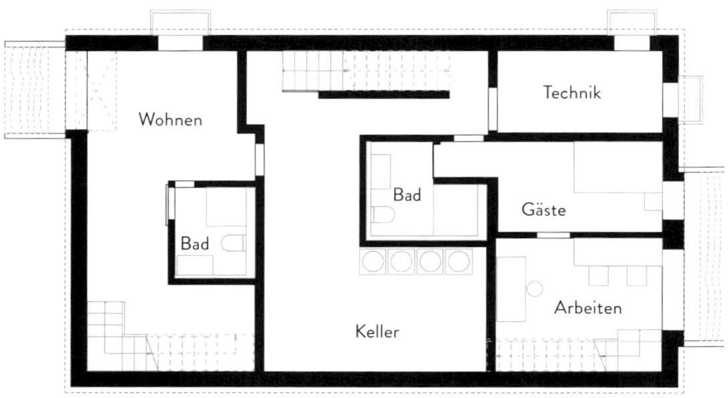

Untergeschoss

Erdgeschoss

Kurzporträt

» Nachverdichtung durch Grundstücksteilung in bestehendem Wohngebiet

» Flächensparende Bebauung mit einem Dreifamilienhaus

» Vielfältiges Wohnungsangebot mit individuellen Grundrissen für verschiedene Nutzungsszenarien

» Privatheit auch im Außenraum durch unterschiedliche Orientierung der Wohneinheiten

» Straff organisierte Grundrisse mit minimalen Verkehrsflächen

» Zentral zugänglicher Gästebereich im Souterrain flexibel nutzbar

» Maßgefertigte Einbauten und platzsparende Stauraummöbel

» Hohe Energieeffizienz durch kompakte, massive Bauweise und hochwärmegedämmte Außenhülle

Gebäudedaten

Grundstücksgröße: 503 m²
Wohnfläche: 247 m²
Zusätzliche Nutzfläche: 34 m²
Anzahl der Bewohner: 9
Bauweise: einschaliger Ziegelmassivbau
Fassade: hinterlüftete Nut- und Federschalung aus sägerauen, lasierten Fichtenholzbrettern, Holzfaserdämmung
Energiekonzept: Luft-Wasser-Wärmepumpe
Heizwärmebedarf: 27 kWh/m²a
Primärenergiebedarf: 32 kWh/m²a
Fertigstellung: 2019

Lageplan

Stephan Rauch

» Der Neubau bietet Platz für neun Personen in drei Einheiten in einem kompakten und extrem verdichteten Einfamilienhausvolumen. «

Auszeichnung

FENSTER ZUM HOF

Haus B in Berlin

WOCAArchitektur

Vorherige Doppelseite Das Fabrikgebäude im Hinterhof war einst eine Buch- und Kunstdruckerei. Nach dem Umbau hat es sich in ein zeitgemäßes Familiendomizil verwandelt.

Links Krönender Abschluss: Die neue Dachterrasse ist Gartenersatz und luftiger Freisitz zugleich – und bietet eine grandiose Aussicht auf die Berliner Stadtlandschaft.

Rechts oben Der Grundriss des Industriebaus wurde geändert und den Bedürfnissen seiner heutigen Bewohner angepasst. Im Erdgeschoss ist ein lichtes Raumkontinuum entstanden.

Rechts unten Die Essküche orientiert sich auf den Innenhof. Eine Stahltreppe dient der zusätzlichen, internen Erschließung und führt in den Wohnbereich im Obergeschoss.

Einst lag sie vor den Toren Berlins, heute gehört die Rosenthaler Vorstadt zum Bezirk Mitte und ist ein begehrtes Wohnviertel. In der Brunnenstraße, die sich Ende des 19. Jahrhunderts zu einer zentralen Geschäftsachse entwickelte, prägen spätklassizistische und gründerzeitliche Häuser das historisch gewachsene Stadtbild. Damals entstanden in den Hinterhöfen oft Gewerbebauten – wie etwa das kleine Fabrikgebäude, das die Architektinnen Klaudia Cacic und Annette Wolpert in ein modernes Familiendomizil verwandelten. Es stammt aus der Zeit um 1860, diente einst als Buch- und Kunstdruckerei und war nach mehreren Zwischennutzungen sowie zahlreichen lieblosen Ein- und Umbauten zuletzt stark heruntergekommen. »Das Gebäude hat in der DDR- und Wendezeit ein Flickwerk an Wandausbesserungen erfahren«, erläutern die Planerinnen. Dabei wurden Steine verschiedener Güte und Formate verwendet, neue Leitungen kreuz und quer verlegt, historische Elemente entfernt oder weitgehend zerstört.

Dementsprechend aufwändig gestaltete sich die Umwandlung des einstigen Gewerbebaus in ein zeitgemäßes Wohnhaus. Doch nicht nur die Sanierung der maroden Substanz stellte die Architektinnen vor besondere planerische Herausforderungen – auch bei der Grundrissorganisation war ihre Kreativität gefragt. Zumal die vierköpfige Bauherrenfamilie bereits die Zukunft im Blick hatte: Zwar wollte sie zunächst das gesamte Haus für sich alleine nutzen, doch schon jetzt sollte für die Zeit nach dem Auszug der Kinder die Trennung in zwei autarke, gleichwertige Wohnungen geplant und realisiert werden, inklusive aller erforderlichen Brandschutzmaßnahmen und Rettungswege. Erschwerend hinzu kam die ungünstige einseitige Belichtung des Gebäudes – alle Fenster orientieren sich auf den Hof –, sowie die Erschließung über das bestehende Treppenhaus: Es liegt in einem schmalen Seitenflügel auf der Ostseite, sodass die angrenzenden Eckräume in den oberen Etagen zwangsläufig zu Durchgangszimmern geworden wären. Mit dem Einbau neuer interner Treppen gelang es, dieses Problem zu lösen. Sie verbessern nicht nur die Wegeführung innerhalb des Gebäudes, sondern erlauben es auch, das Haus eines Tages ohne großen Aufwand in zwei Maisonettewohnungen zu teilen.

Die Eingangsebene dient der Familie heute als geräumige Essküche, die sich auf den begrünten Innenhof mit Terrasse öffnet. In der ersten Etage sind der Wohnraum sowie der Elterntrakt untergebracht, in den folgenden beiden Ebenen die Kinderzimmer sowie ein weiterer Aufenthalts- und Arbeitsbereich. Um die Belichtungssituation im zweiten und dritten Obergeschoss zu verbessern – in dem später einmal eine separate Wohnung entstehen soll – legten die Architektinnen im obersten Stockwerk einen Patio an, der unauffällig in die Gebäudehülle integriert ist. Er dient als Freiluftzimmer und Lichthof zugleich und fängt mit einer deckenhohen Eckverglasung die Sonnenstrahlen ein. Von dieser geschickten Tageslichtregie profitiert auch der Flur in der darunterliegenden Kinderetage: Über eine glasgedeckte Bodenöffnung im Atrium kann natürliches Licht von oben hereinfallen. Krönenden Abschluss der Umbaumaßnahme bildet eine Dachterrasse, die sich an den Patio anschließt und einen fantastischen Rundblick auf die Berliner Stadtlandschaft bietet.

Bevor die Bauherren ihr neues Haus beziehen konnten, waren einschneidende Veränderungen erforderlich: Aus statischen Gründen mussten sowohl die Decke über dem zweiten Obergeschoss als auch der obere Gebäudeabschluss entfernt und erneuert werden, wobei die Behörden zur Auflage machten, den historischen Mauerfries zu erhalten. »Die Ansicht vom Hof durfte nicht verändert werden«, so die Planerinnen. Eine freispannende Stahlkonstruktion formt nun das neue Dach samt Terrasse und wird über einen massiven Ringbalken abgetragen.

Im Innern hat das Haus seinen industriellen Charme bewahrt: Wo es möglich war, wurde das alte Mauerwerk wieder herausgearbeitet und trägt zum unverwechselbaren Raumeindruck bei. Auch die neuen Treppen, die sich durch alle Etagen ziehen, knüpfen mit ihren Stahlgeländern an die Vorgeschichte des Fabrikgebäudes an.

Links oben Das Ziegelmauerwerk wurde stellenweise freigelegt und trägt zum unverwechselbaren Raumeindruck bei – wie etwa hier im Kinderbad im zweiten Obergeschoss.

Links unten Geschickte Tageslichtregie: Eine glasgedeckte Öffnung im Dach erhellt den innenliegenden Flur in der Kinderetage. Auf dem Boden liegen Douglasiendielen.

Rechts Unverputztes Mauerwerk, Stahl und Holz treffen auch im Familienwohnbereich im ersten Obergeschoss aufeinander und sorgen für reizvolle Materialkontraste.

Ganz links oben Im Dachgeschoss gelangt man über eine Glastür in das bestehende Treppenhaus, das im Seitenflügel des Gebäudes liegt und als zweite Erschließung dient.

Links oben Der loftartige Aufenthaltsbereich in der Dachetage lässt sich bei Bedarf mit der darunterliegenden Ebene zu einer separaten Maisonettewohnung zusammenfassen.

Links unten Der kleine Innenhof dient als sichtgeschützter Freisitz, die Treppe führt zur Dachterrasse. Die Glasöffnung im Boden holt zusätzliches Tageslicht ins Innere.

Unten Die deckenhohe Eckverglasung lässt sich komplett zur Seite schieben und macht das Atrium bei schönem Wetter zu einem zusätzlichen Zimmer unter freiem Himmel.

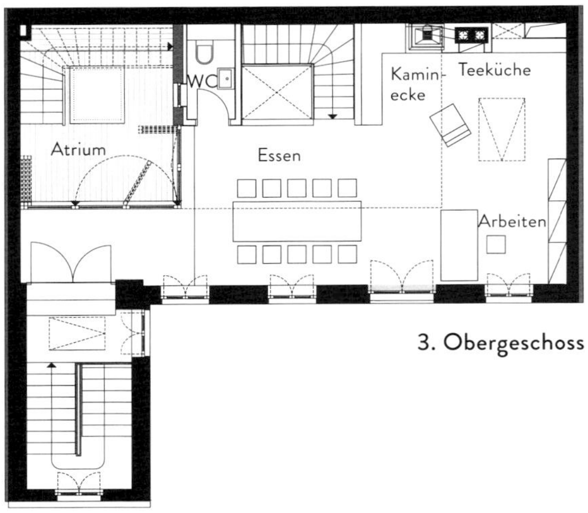

3. Obergeschoss

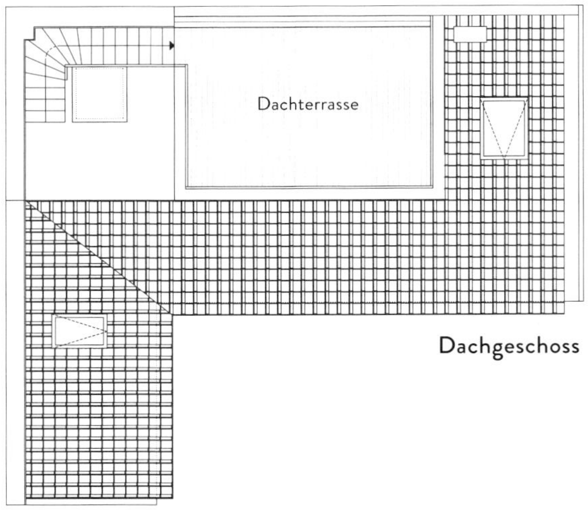

Dachgeschoss

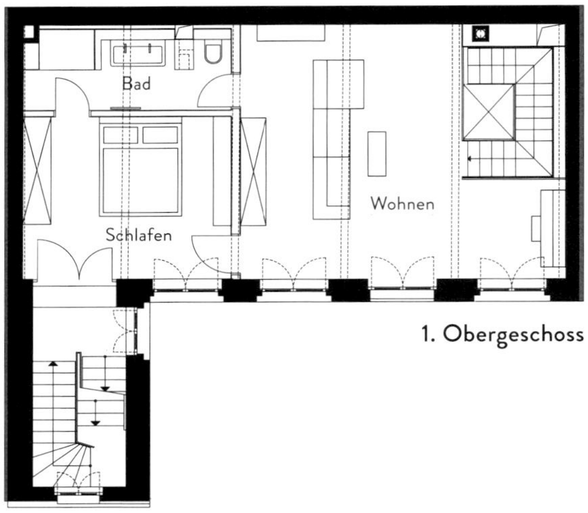

1. Obergeschoss

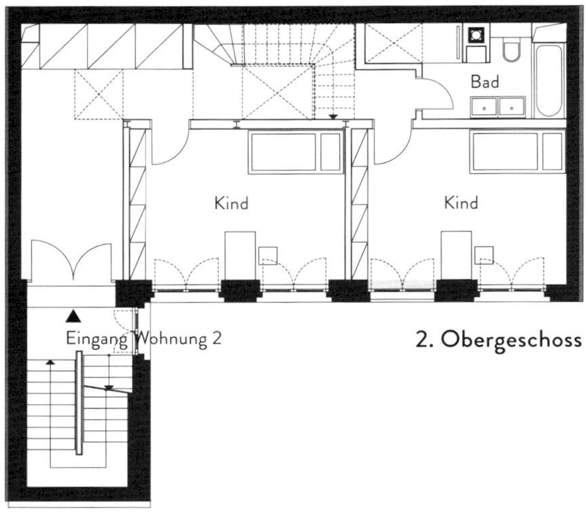

2. Obergeschoss

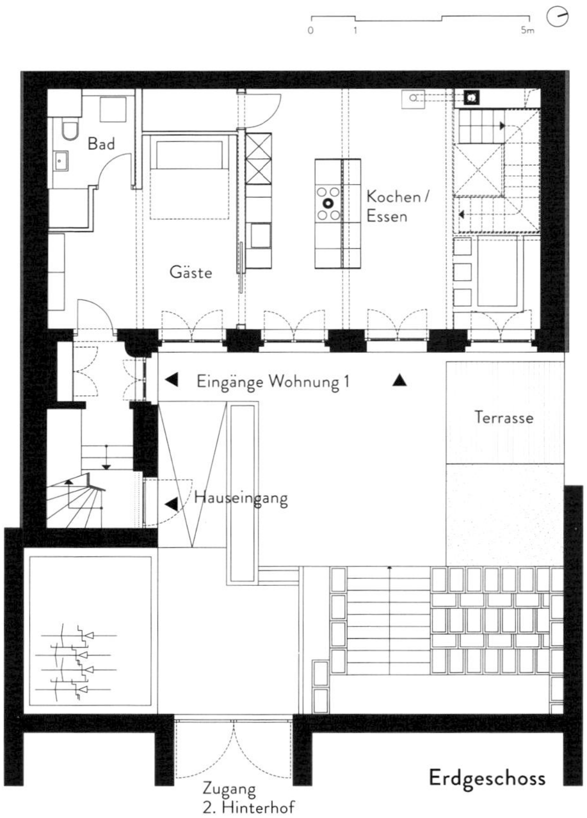

Erdgeschoss

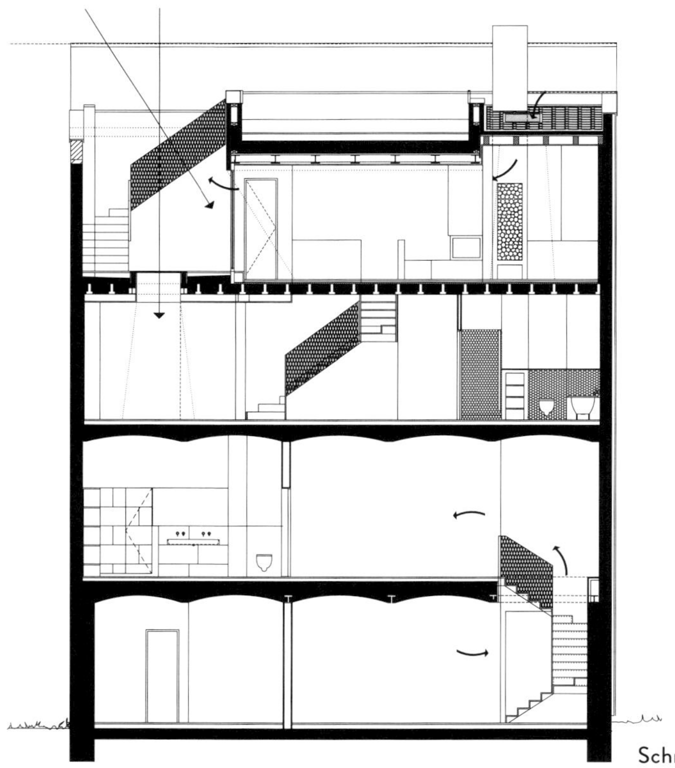
Schnitt

Kurzporträt

- Umbau und Umwandlung eines ehemaligen Fabrikgebäudes in ein familiengerechtes Wohnhaus
- Entkernung des Bestands und Neuorganisation des Grundrisses
- Spätere Aufteilung in zwei autarke, gleichwertige Wohneinheiten mit jeweils separater Erschließung möglich
- Patio und Dachterrasse als sichtgeschützte private Außenräume
- Geschickte Tageslichtregie
- Natürliche Querlüftung trotz einseitiger Gebäudeorientierung über Lufträume, Treppenaugen, Dachöffnungen
- Energetische Ertüchtigung des Bestands, neue Dachkonstruktion mit Dämmung

Gebäudedaten

Grundstücksgröße: 196 m²
Wohnfläche: 238 m²
Zusätzliche Nutzfläche: Patio 12,5 m², Dachterrasse 22 m²
Anzahl der Bewohner: 4
Bauweise: Massivbau (Mauerwerk)
Fassade: Ziegel
Energiekonzept: Bestandsheizung (Anschluss an Gaskessel im Vorderhaus)
Baujahr Bestand: ca. 1860
Fertigstellung Umbau: 2019

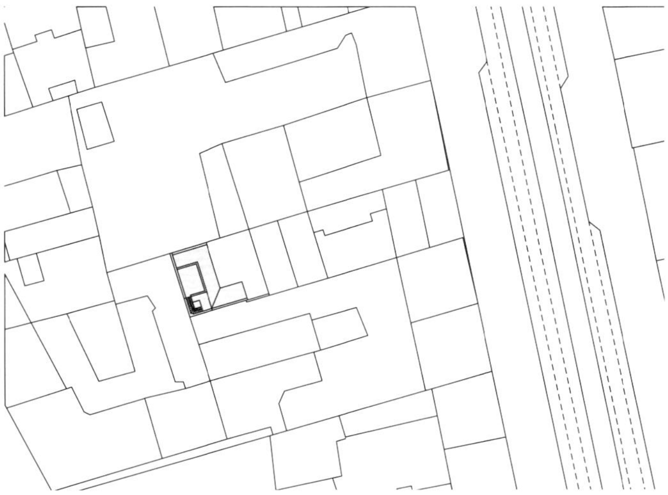

Lageplan

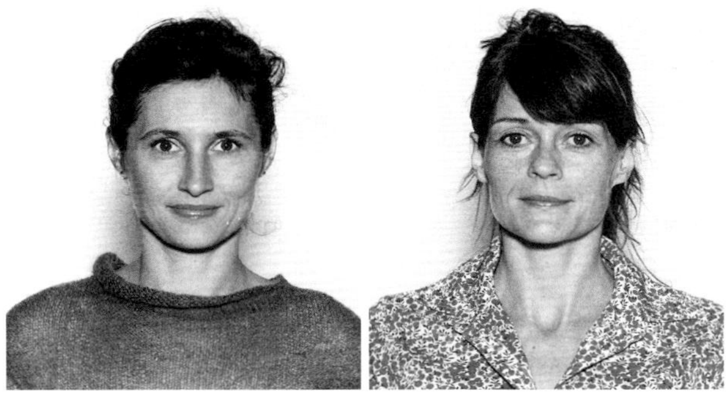

Klaudia Cacic und Annette Wolpert, WOCAArchitektur

» Bereits jetzt sollte die spätere Trennung des Wohnraums in zwei autarke und gleichwertig attraktive Wohnungen geplant und umgesetzt werden. «

Auszeichnung

VON NATUR AUS GUT

Wohnhaus in St. Vigil / Enneberg, Südtirol (Italien)

pedevilla architects

Vorherige Doppelseite Ganz aus Holz ist dieses Haus in den Gadertaler Dolomiten. Das markante Dach und die tief liegende Traufe geben ihm ein unverwechselbares Aussehen.

Links Die Form des Trapezes wurde hier zum charakteristischen Gestaltungselement, das sich von den teils zweigeschossigen Gauben bis hin zur Loggia im Erdgeschoss zieht.

Rechts oben Die Fassade ist mit handgespaltenen Lärchenholzschindeln verkleidet, die auch ohne Behandlung witterungsbeständig sind und eine silbergraue Patina entwickeln.

Rechts unten Unauffällig fügt sich das Haus in die Naturkulisse ein. Das Bauholz stammt von Bäumen, die bei heftigen Unwettern in den umliegenden Wäldern umgestürzt waren.

Auf einer sanften Anhöhe im Südtiroler Urlaubsort St. Vigil, umrahmt von der Kulisse der Gadertaler Dolomiten, entstand das Wohnhaus, das die Architekten Armin und Alexander Pedevilla konzipierten. Der Neubau liegt unweit einer Thermalquelle und wird von der Betreiberfamilie des benachbarten Hotels Aqua Bad Cortina bewohnt. Bereits von Weitem fällt er durch seine ungewöhnliche, steil aufstrebende Dachform auf. Auch die tief herabgezogene Traufe und die markanten, teilweise über zwei Geschosse reichenden trapezförmigen Gauben tragen zu seinem unverwechselbaren Aussehen bei. Dach und Fassaden gehen nahtlos ineinander über und sind komplett von Lärchenholzschindeln überzogen, was die sakrale Anmutung des Gebäudes noch verstärkt.

Mit seiner archaisch einfachen Form steht das Haus auch sinnbildlich für die Haltung seiner Bauherren, für die der respektvolle Umgang mit natürlichen Ressourcen eine Selbstverständlichkeit ist: »Es ging hier um das Thema gelebte Nachhaltigkeit, die hohe Wertschätzung gegenüber der Natur und darum, diesen Anspruch in Architektur umzusetzen«, fassen die Planer rückblickend zusammen. Dass Nachhaltigkeit für die beiden Architektenbrüder kein leeres Schlagwort ist, haben sie bereits in der Vergangenheit mit zahlreichen Projekten bewiesen. »Wir bauen mit lokalen Materialien, mit lokalen Handwerkern und den Charakteren der Menschen, die hier leben«, lautet ihre Bürophilosophie.

Wie gut das gelingen kann, zeigt auch dieses Haus in vorbildlicher Weise. Holz prägt sowohl das äußere Erscheinungsbild als auch die Konstruktion und den Innenausbau des hochalpin anmutenden Gebäudes. Aber nicht nur das: Das Baumaterial stammt aus einem Windwurf – von Bäumen, die bei einem schweren Unwetter im Herbst 2018 in den umliegenden Wäldern buchstäblich natürlich gefällt wurden. Sämtliche Wände sind aus massivem Fichtenholz und wurden durch eine spezielle Technik ohne den Einsatz von Harzen oder Klebern formstabil zusammengefügt. Dabei wurden 6 Zentimeter starke Holzdielen werkseitig zu insgesamt 36 Zentimeter dicken Außenwänden verbunden. Die innere Schicht dieser vorgefertigten Wandkonstruktion besteht aus massivem Zirbelholz mit handgehobelter Oberfläche – einem Material, das wegen seines warmen Farbtons und charakteristischen Geruchs seit Jahrhunderten in der Region für die Vertäfelung der Stuben verwendet wird. Das Holz der Zirbelkiefer prägt mit seinen kräftig gemaserten, astigen Oberflächen den Raumeindruck im ganzen Haus. Auch alle Fenster, Türen, Treppen sowie die maßgefertigten Möbel bis hin zu den Schrankgriffen sind aus dem gleichen Material.

Nach außen hin präsentiert sich der Massivholzbau mit einer Fassadenverkleidung aus handgespaltenen Lärchenschindeln, die dazu beitragen, dass er ohne zusätzliche Wärmedämmung auskommt. Auch sonst setzen die Architekten auf natürliche und lokale Materialien. Das Haus ruht auf einem Untergeschoss aus Beton, der mit Dolomitgestein versetzt und mit Thermalwasser angereichert wurde. Aus den umliegenden Bergen stammen auch die Dolomitfindlinge, aus denen die Plattenbeläge für die Böden und Bäder geschnitten sind.

Bei der Wahl der Baustoffe spielten neben ästhetischen Qualitäten auch Aspekte wie Robustheit und Langlebigkeit eine wichtige Rolle. Großen Wert legten alle Beteiligten zudem darauf, die Materialien möglichst unverfälscht zu belassen. Das Lärchenholz beispielsweise bleibt auch ohne Behandlung witterungsbeständig und entwickelt mit der Zeit eine typische silbergraue Patina.

Für den Bau des Hauses wurden ausschließlich Gadertaler Handwerker und einheimische Unternehmen engagiert, die ihre langjährige Erfahrung und ihr Fachwissen mit einbringen konnten – nicht umsonst sehen sich die Architekten der regionalen Baukultur verpflichtet, wie sie erklären: »Die Weiterführung der Traditionen auf neue Art und Weise erhält die lokale Kultur und bewahrt jahrtausendealtes Wissen, das aufgrund hochtechnologischer Entwicklung und der zunehmenden Standardisierung von Neubauten gefährdet ist.«

Links Die tragende Struktur des Massivholzbaus ist aus Fichte, die Innenseiten der Wände sowie die Schreinermöbel sind aus Zirbelholz mit handgehobelter Oberfläche.

Oben links Die entsprechenden Anschlüsse für Fenster und Türen wurden bereits in die vorgefertigten Wandelemente eingefalzt, um die anschließende Montage zu erleichtern.

Oben rechts Auch das Elternzimmer ist vom Boden bis zur Decke mit Zirbelholz ausgekleidet, das mit seinem typischen Geruch für ein angenehmes Wohngefühl sorgt.

Dachgeschoss

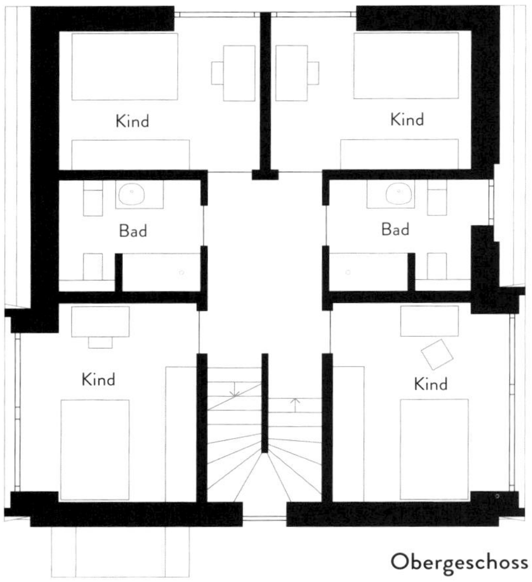

Obergeschoss

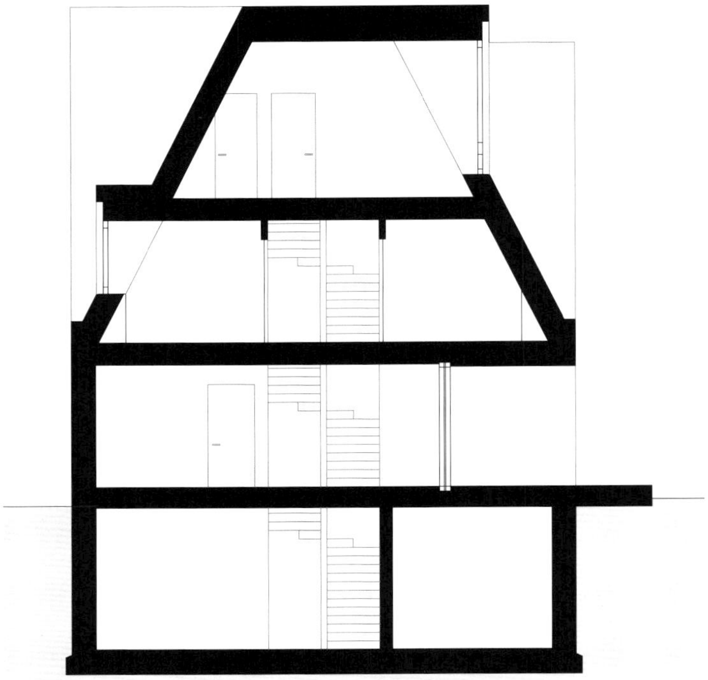

Schnitt

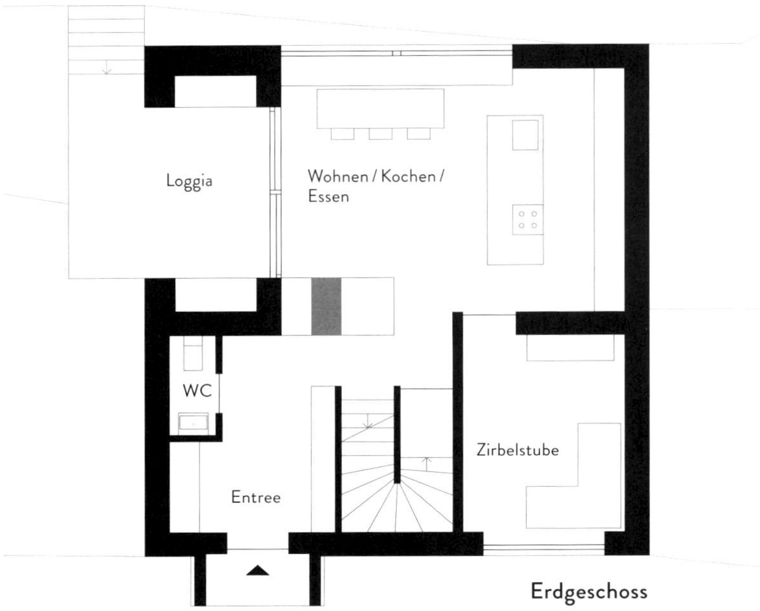

Erdgeschoss

Kurzporträt

- Hochalpines Vollholz-Wohnhaus mit Fassade aus handgespaltenen Lärchenschindeln
- Bauholz aus einem Windwurf aus den umliegenden Wäldern
- Bauteile ohne Leim, Kleber und Harze hergestellt, Verzicht auf synthetische Materialien und Kunststoffe
- Natürliche, langlebige Materialien mit unbehandelten Oberflächen
- Minimale Transportwege durch Gewinnung und Weiterverarbeitung von vor Ort verfügbaren Baustoffen (Holz, Dolomitstein)
- Weiterführung regionaler Bautraditionen und Handwerkstechniken durch Einsatz lokaler Betriebe
- Sehr geringer Heizenergiebedarf trotz Verzicht auf Dämmung, 36 Zentimeter starke Außenwandkonstruktion in Holzmassivbauweise

Gebäudedaten

Grundstücksgröße: 910 m²
Wohn- und Nutzfläche: 160 m²
Anzahl der Bewohner: 6
Bauweise: leimfreier Massivholzbau (Fichte) ohne Dämmung, innen Sichtlage aus Zirbe; Untergeschoss aus Sichtbeton mit Dolomitgestein
Fassade: unbehandelte, handgespaltene Lärchenholzschindeln
Energiekonzept: Gas-Niedertemperaturheizung, kontrollierte Wohnraumlüftung
Heizwärmebedarf: 23 kWh/m^{2}a
Primärenergiebedarf: 89 kWh/m^{2}a
Fertigstellung: 2020

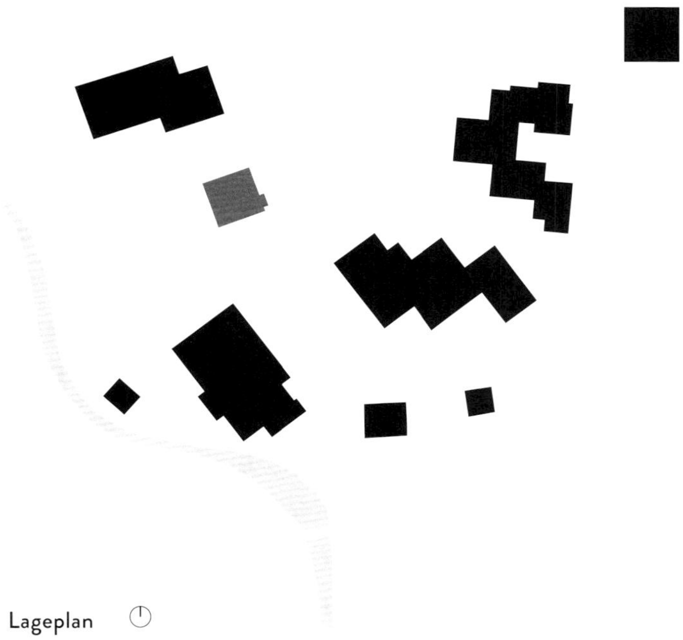

Lageplan

Armin und Alexander Pedevilla

» Wir bauen mit lokalen Materialien, mit lokalen Handwerkern und den Charakteren der Menschen, die hier leben. «

Auszeichnung

TAKTVOLL ERNEUERT

Umbau Haus F22 in Gerlingen

holzerarchitekten

Vorherige Doppelseite Frisch herausgeputzt: Holzverkleidungen aus vorvergrauter Weißtanne verleihen dem schlichten Haus aus den 1960er-Jahren einen zeitgemäßen Look.

Links Die gebäudebreite Terrasse bindet das Haus an den Garten an. Ein Anbau im Westen vermittelt zwischen Haupthaus und Garage und bietet Platz für eine kleine Gästewohnung.

Rechts Die Treppe mit ihrem bauzeittypischen geschwungenen Geländer wurde saniert. Maßgefertigte Einbaumöbel und die indirekte Beleuchtung sorgen im Entree für ein neues Wohngefühl.

Zu Beginn der 1960er-Jahre entstand in Gerlingen, einer Kleinstadt nordwestlich von Stuttgart, die so genannte Waldsiedlung: ein groß angelegtes Wohnungsbauprojekt, das neben 65 Bungalows und 26 Reihenhäusern auch Läden für die tägliche Versorgung sowie Schule, Kindergarten und Kirche umfasste. Als Oberbauleiter für das Vorhaben hatte die Stadt den renommierten Architekten und Hochschullehrer Max Bächer gewonnen, der für eine klare Struktur und das einheitliche Erscheinungsbild der Siedlung sorgen sollte. Zwar machte der Bebauungsplan, für den Bächer ebenfalls verantwortlich zeichnete, zahlreiche gestalterische Vorgaben – etwa was Dachneigungen und -überstände oder Fassadengliederung betraf –, dennoch ließ er genügend kreativen Spielraum, sodass eine große Vielfalt an individuellen Häusern entstand. Bächers ordnende Hand sieht man der Siedlung auch heute noch an, die als Wohnort nach wie vor sehr beliebt ist. Die meisten Gebäude sind noch erhalten und wurden mittlerweile modernisiert – so auch das Reihenhaus, das der Stuttgarter Architekt Thilo Holzer für eine vierköpfige Familie in ein zeitgemäßes Domizil verwandelte.

Der solide Mauerwerksbau aus dem Jahr 1963 war zwar insgesamt in gutem Zustand, doch wies er die für seine Entstehungszeit typischen Mängel auf: angefangen von der völlig veralteten Haustechnik bis hin zu energetischen Defiziten aufgrund der unzureichenden Wärmedämmung. Sämtliche Sanitär-, Heizungs- und Elektroleitungen mussten daher ausgetauscht werden, außerdem wurden die Fassaden gedämmt – ohne dabei allerdings zu dick aufzutragen: »In Verbindung mit einem KfW-Zuschuss für erhaltenswerte Bausubstanz wurde die Stärke der Dämmung so angepasst, dass die im Bebauungsplan angegebenen typischen Wand- und Dachversprünge erhalten blieben«, erläutert Holzer. Auch sonst orientierte sich der Architekt an den gestalterischen Vorgaben aus den 1960er-Jahren, etwa was die horizontale Gliederung der Erdgeschossfassade mit einer Holzverkleidung betraf. Aber nicht nur technisch ist das Haus jetzt wieder ganz auf der Höhe der Zeit: Durch den Umbau hat es auch mehr Licht, Luft und vor allem Raum dazugewonnen. Insbesondere der Erdgeschossgrundriss mit seinen verschachtelten, klassisch separierten Zimmern entsprach nicht mehr den Wohnvorstellungen der neuen Eigentümer. Sie wünschten sich offenere Räume, zudem sollte die Wohnfläche um ein Einliegerappartement vergrößert werden.

Durch behutsame Eingriffe in den Bestand sowie den Wegfall weniger Trennwände hat sich die Eingangsebene in ein lichtes Raumkontinuum verwandelt, Küche, Ess- und Wohnbereich gehen nahtlos ineinander über und sind lediglich durch Möbeleinbauten gegliedert. Eine breite Glasschiebetür sorgt für fließende Übergänge auf die gebäudebreite Terrasse, die auf der Gartenseite im Süden neu angelegt wurde. Der ehemalige Freisitz auf der Westseite wiederum, der früher zwischen Garage und Haupthaus lag, wurde mit einem eingeschossigen Zwischentrakt geschlossen, der ein kleines Einzimmer-Appartement beherbergt. Zurzeit dient es vor allem als Gästewohnung, lässt sich jedoch je nach Bedarf flexibel nutzen. Da dieser Anbau als Erstes fertig gestellt war, leistete er der Familie – die während der Umbauphase weiterhin vor Ort wohnte – bereits gute Dienste als temporäre Unterkunft.

Im Obergeschoss des Haupthauses, in dem sich die Schlafzimmer und Bäder befinden, blieb die Raumaufteilung bis auf kleine Grundrisskorrekturen im Wesentlichen erhalten. Völlig verändert hingegen hat sich die Wohnatmosphäre im ganzen Gebäude, das mit weiß gestrichenen Wänden, warmtonigem Eichenparkett und schlichten, maßgefertigten Schreinereinbauten ein zeitgemäßes Ambiente bietet. Charmante Relikte aus der Erbauungszeit blieben jedoch erhalten und wurden liebevoll saniert – wie etwa die Treppe mit ihren charakteristischen, geschwungenen Geländerstäben und einem Handlauf aus Messingblech.

Links oben Im Erdgeschoss wurde der verschachtelte Grundriss gelichtet und neu organisiert. Eine wandintegrierte Schiebetür teilt den Wohnbereich von der Diele ab.

Links unten Auf der Gartenseite wurde die Fensteröffnung vergrößert: Deckenhohe Glasschiebetüren holen viel Licht herein und sorgen für fließende Übergänge ins Freie.

Oben Maßgefertigte Einbauten fügen sich stimmig ins Gesamtkonzept. In der Küche kontrastieren weiße Schrankfronten mit einer Naturstein-Arbeitsplatte aus Nero Assoluto.

Links Der durchgängige Dielenboden aus Eichenholz bindet die offenen Raumzonen auch optisch zusammen und setzt im farblich dezenten Interieur einen warmtonigen Akzent.

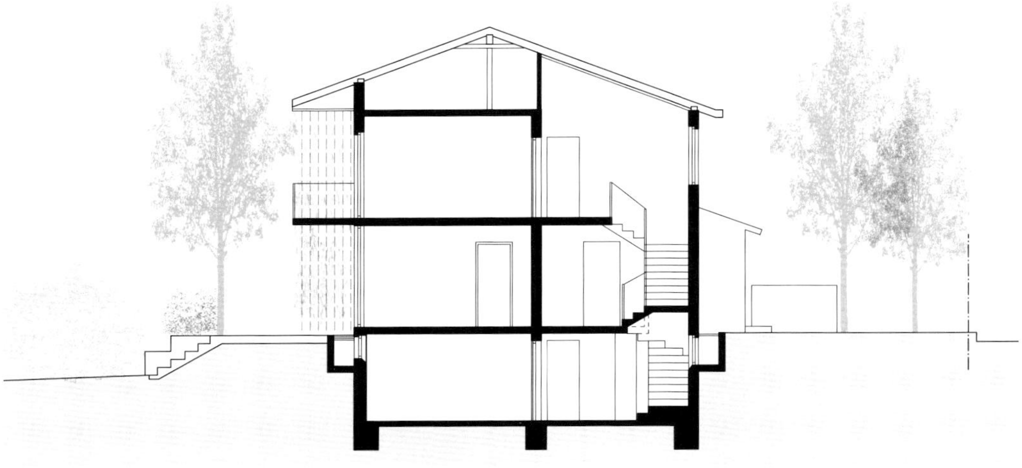

Schnitt

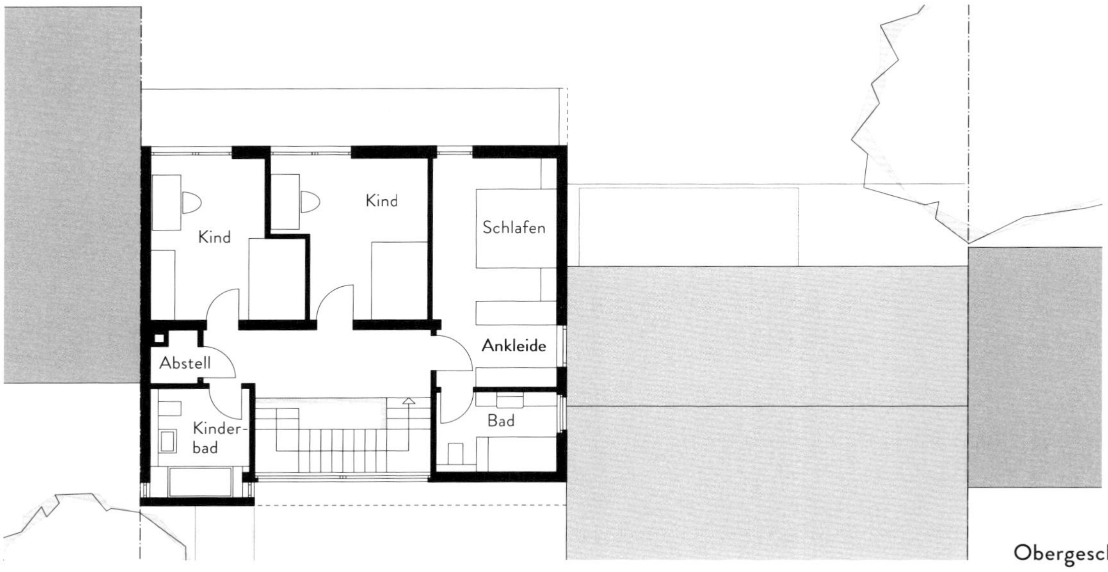

Obergeschoss

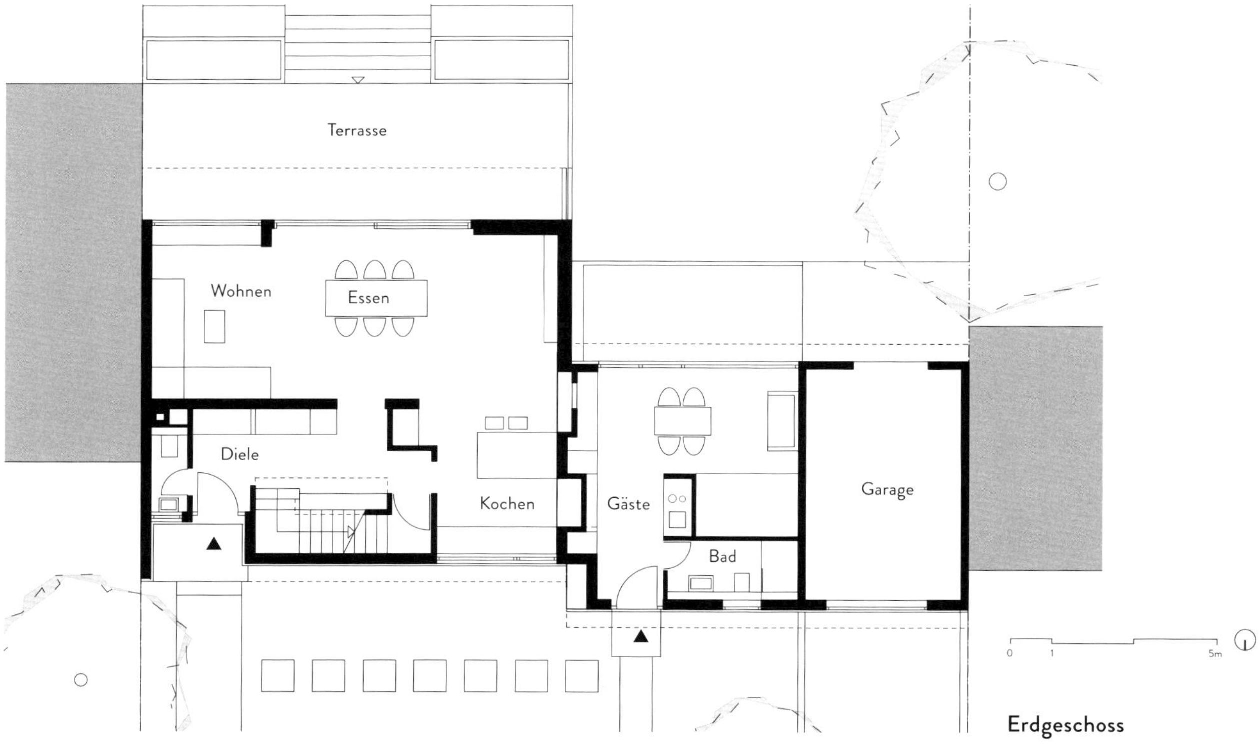

Erdgeschoss

Kurzporträt

- Umbau und Erweiterung eines Reihenhauses aus den 1960er-Jahren
- Vergrößerung der Wohnfläche durch Überbauung der ehemaligen Terrasse
- Grundriss mit Wanddurchbrüchen geöffnet und neu organisiert
- Einliegerappartement als separate Wohneinheit flexibel nutzbar
- Neue Südterrasse als zusätzliches Zimmer im Freien
- Energetische Sanierung, Dämmung von Dach und Fassaden
- Erneuerung der Haustechnik
- Erhalt bauzeittypischer Details

Gebäudedaten

Grundstücksgröße: 713 m²
Wohnfläche: Haupthaus 140 m², Einliegerwohnung 40 m²
Zusätzliche Nutzfläche: 90 m² (Keller, Garage)
Anzahl der Bewohner: 4
Bauweise: Massivbau (Mauerwerk / Stahlbetondecken), Mineralwolledämmung
Fassade: Putz, Holzverkleidung aus vorvergrauter Weißtanne
Energiekonzept: Brennwerttherme mit Fußbodenheizung
Baujahr Bestand: 1962/63
Fertigstellung Umbau: 2019

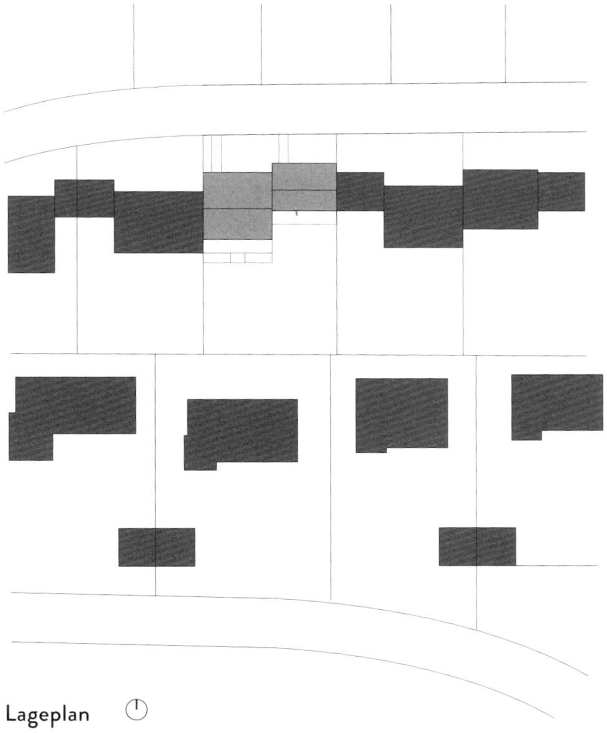

Lageplan

Thilo Holzer

» Durch den Umbau wurde das Gebäude nicht nur technisch, sondern auch räumlich aufgewertet. «

Auszeichnung

VIELFALT IN DER EINHEIT

Baugemeinschaft Goldbeker in Hamburg

kbnk Architekten

Private Baugemeinschaften sind in den vergangenen Jahren vor allem in Großstädten immer beliebter geworden. Angesichts des überhitzten Immobilienmarkts ist das kein Wunder: Wer gemeinsam plant und baut, kann ein Haus nach eigenen Vorstellungen realisieren, ohne dabei die Gewinnmarge eines Investors ins Budget miteinkalkulieren zu müssen. Zudem bieten sich Baugruppen oft interessante Möglichkeiten, an zentral gelegene Grundstücke heranzukommen, die nicht auf dem freien Markt zu finden sind. So war es auch in diesem Fall: Im Jahr 2013 erhielt die Baugemeinschaft Goldbeker mit ihrem familiengerechten und energieeffizienten Konzept den Zuschlag beim Gebotsverfahren der Stadt Hamburg für ein Grundstück im citynahen Stadtteil Winterhude.

Bereits zu diesem Zeitpunkt zeichnete sich bei der kleinen Gruppe, bestehend aus drei Familien – darunter auch die der Architekten – ein Umbruch der Lebenssituationen ab: Der Nachwuchs wurde langsam flügge, was die großen Kinderzimmer auf Dauer überflüssig machte. Umgekehrt war für die Elterngeneration mit Blick in die Zukunft und auf das Alter absehbar, dass die Hausgemeinschaft sowie der Kontakt zur Nachbarschaft eine immer größere Rolle spielen würden. Besonders wichtig war daher, dass die Räume möglichst flexibel nutzbar sein sollten, um sich wandelnden Bedürfnissen und Wohnkonstellationen anpassen zu können.

Aus diesen Überlegungen heraus konzipierten die Architekten ein maßgeschneidertes Domizil, das auch für künftige Entwicklungen bestens gerüstet ist. Auf dem an ein Schulgelände angrenzenden Grundstück unweit des Goldbekkanals entstand ein fünfgeschossiger, kubischer Bau. In seiner Höhenentwicklung orientiert er sich an den umliegenden städtischen Wohnhäusern und gibt sich mit seiner hellen Ziegelfassade betont dezent. Die verschieden großen Fenster, die in unregelmäßigem Rhythmus über seine Ansichtsseiten tanzen, verleihen ihm jedoch ein unverwechselbares Aussehen und machen die individuellen Grundrisse auch nach außen hin ablesbar.

Um die wertvolle Freifläche angesichts der vergleichsweise geringen Grundstücksgröße nicht unnötig zu schmälern, wurde anstelle einer Tiefgaragenrampe ein platzsparender PKW-Aufzug eingebaut. Der restliche Außenraum entlang des Bolzplatzes der Schule ist als Nutzgarten angelegt, der allen Bewohnern zur Verfügung steht. Auch bei der Grundrisskonzeption wurde darauf geachtet, neben den privaten Wohnungen gemeinsame Bereiche zu schaffen: Im Erdgeschoss liegt ein großer Gemeinschaftsraum, der auch als Atelier, Gästeappartement oder Unterkunft für eine Haushaltshilfe dienen kann.

Die darüberliegenden drei Wohnungen werden über einen Aufzug barrierefrei erschlossen. Sie unterscheiden sich in Größe und Raumorganisation, reichen teilweise über mehrere, leicht versetzte Ebenen und haben jeweils eine ganz individuelle Atmosphäre. Mit ihren offenen Grundrissen sowie angenehm proportionierten Individualräumen bieten sie auch auf lange Sicht vielfältige Nutzungsmöglichkeiten. Und dank zahlreicher Leichtbauwände sind Veränderungen auch ohne viel Aufwand möglich, ebenso wie das Abtrennen kleinerer Einheiten. Jede Wohnung verfügt zudem über einen Balkon und eine überdachte Loggia als privaten Freisitz.

Auch was die Energieeffizienz und Nachhaltigkeit betrifft, ist das Projekt beispielhaft. Dazu tragen bereits die kompakte, wärmebrückenfreie Gebäudehülle, eine hocheffiziente Abluftanlage mit Wärmerückgewinnung sowie eine Photovoltaikanlage bei. Viel Wert legten die Planer zudem darauf, umweltfreundliche, langlebige Materialien mit einem hohen Anteil nachwachsender Rohstoffe einzusetzen. Eine Besonderheit sind die eigens für dieses Bauvorhaben gemeinsam von Architekten und Herstellerfirmen entwickelten sogenannte Climasave-Fenster, die in diesem Pilotprojekt erstmals eingebaut wurden: »Die Fenster ermöglichen eine Vorerwärmung der Zuluft für die Wohnungen ohne Einsatz von Primärenergie – allein durch Nutzung solarer Gewinne sowie der eigenen Abwärme aus den Räumen«, erläutern die Planer das innovative System.

Vorherige Doppelseite Die Grundrisse der drei Einheiten sind individuell gestaltet und in Großzügigkeit und Wohnqualität mit einem Einfamilienhaus durchaus vergleichbar.

Links außen Mit seiner hellen Ziegelfassade fügt sich der Neubau unaufgeregt ins städtische Umfeld ein. Im Süden schließt sich der Bolzplatz der benachbarten Schule an.

Links Mit Liebe zum Detail ist auch der gemeinsame Eingangsbereich gestaltet. Er liegt in einer geschützten Nische und bietet Raum für nachbarschaftliche Begegnungen.

Unten Jede Wohnung hat zwei Freisitze: eine Loggia im Süden und einen Balkon im Westen. Die versetzt angeordneten Fenster spiegeln die unterschiedlichen Grundrisse wider.

Oben Die mittlere Maisonettewohnung erstreckt sich über drei halbgeschossig versetzte Ebenen. Herzstück und Zentrum des Familienlebens ist die großzügige Wohnhalle.

Links außen Die Stahltreppe führt zu den privaten Rückzugsräumen. Hinter der mit Holzleisten verkleideten Akustikwand verbirgt sich die Sauna.

Links Sichtbeton und Eichenholz prägen den Raumeindruck im zentralen Treppenhaus auf der Nordseite, das die einzelnen Wohneinheiten erschließt.

Oben Thema mit Variationen: Das Split-Level-Konzept bietet viel Gestaltungsspielraum für abwechslungsreiche Grundrisse – wie hier in der Wohnung in der obersten Etage.

Links Durch eine glasgedeckte Öffnung im Dach fällt zusätzliches Tageslicht in den Eingangsbereich, der leicht erhöht über der Wohnebene liegt.

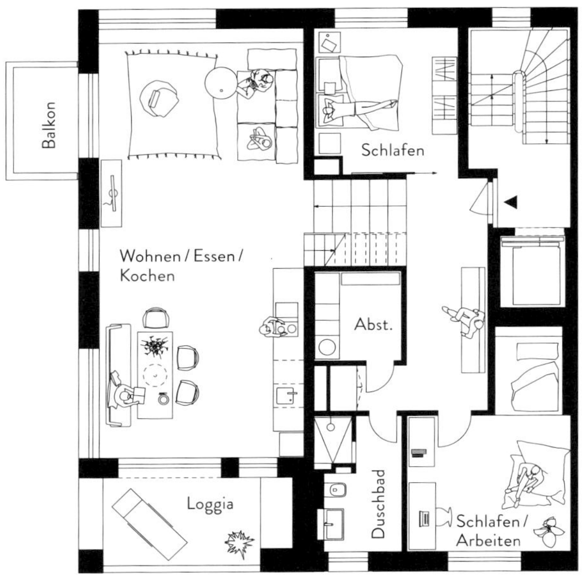

Maisonettewohnung 2. Obergeschoss

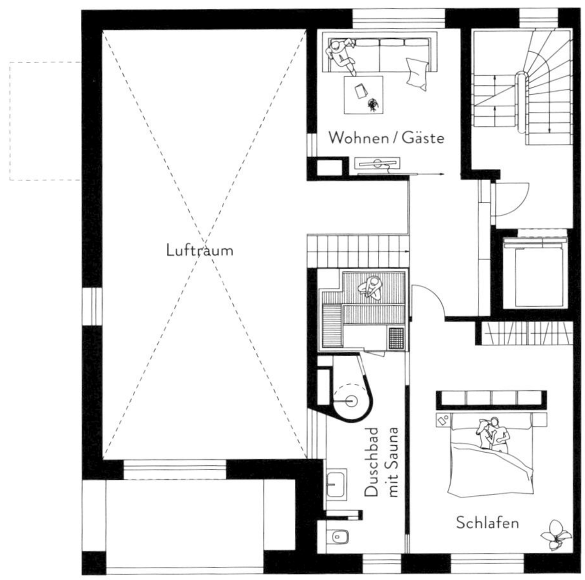

Maisonettewohnung 3. Obergeschoss

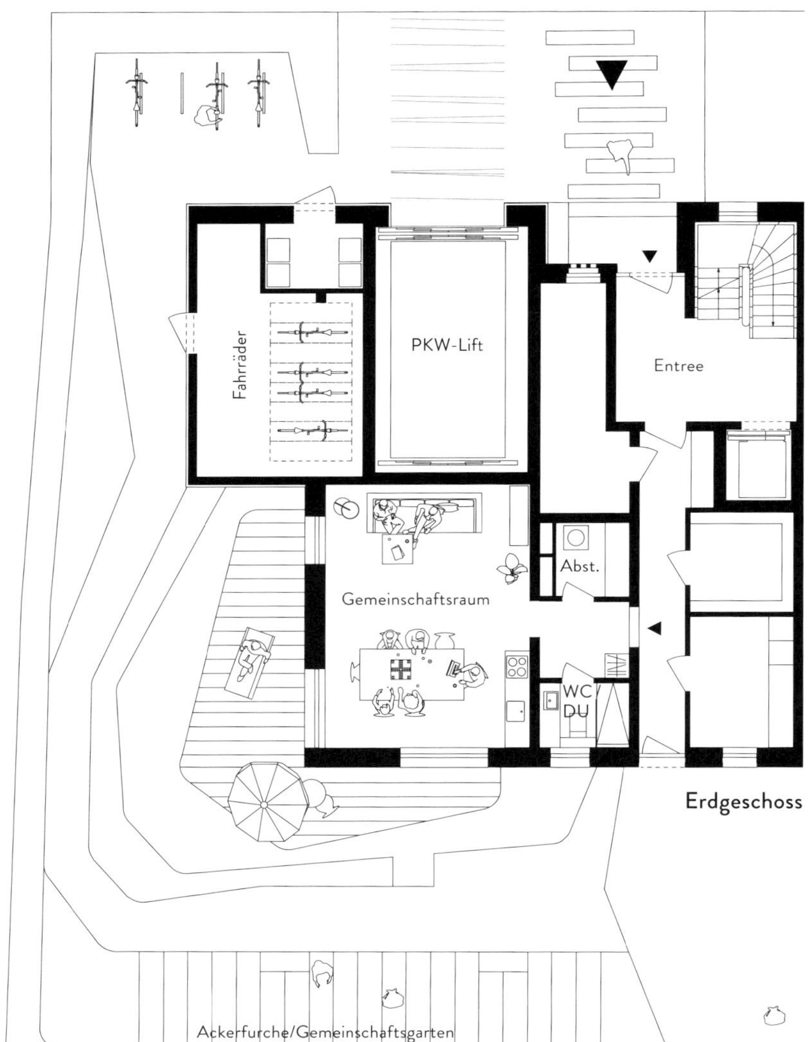

Erdgeschoss

Schnitt

Kurzporträt

- Flächensparende, verdichtete Bebauung mit einem Mehrfamilienhaus
- Teilbare Wohnungen mit barrierefreier Erschließung, flexiblen Grundrissen und nutzungsneutralen Räumen
- Multifunktionaler Gemeinschaftsraum im Erdgeschoss auch als separates Appartement geeignet
- Nutzgarten für alle Bewohner
- Einsatz von umweltfreundlichen Materialien mit hohem Anteil nachwachsender Rohstoffe
- Kompakter Baukörper mit wärmebrückenfreier Gebäudehülle
- Effizientes Energiekonzept mit eigens für das Projekt entwickelten Climasave-Fenstern

Gebäudedaten

Grundstücksgröße: 510 m^2
Wohnfläche: 494 m^2
Zusätzliche Nutzfläche: 84,5 m^2 (Atelier / Gästewohnen, Fahrrad- und Abstellräume)
Anzahl der Bewohner: 13
Bauweise: Massivbau (Stahlbeton / Kalksandstein), zweischaliger Wandaufbau mit Mineralwolledämmung
Fassade: hellgraue Verblendziegel
Energiekonzept: Fernwärme, Photovoltaikanlage, Lüftung über Climasave-Fenster, Abluft mit Wärmerückgewinnung
Heizwärmebedarf: 33 kWh/m^2a
Primärenergiebedarf: 21 kWh/m^2a
Fertigstellung: 2019

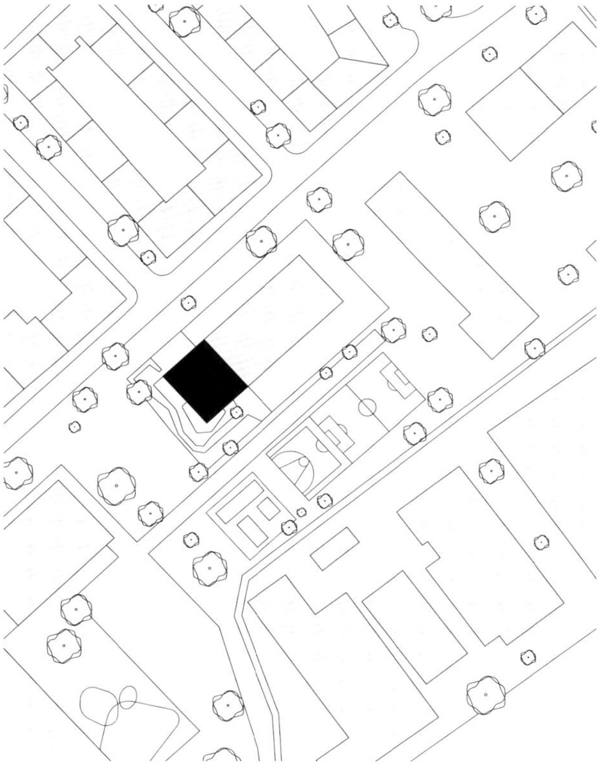

Lageplan

Hille Krause, Franz-Josef Nähring und Frank Birwe, kbnk Architekten

» Im Hinblick auf sich ändernde Familienstrukturen wurden die Wohnräume flexibel konzipiert. «

Auszeichnung

MARKANT AM HANG

Wohnhaus in Stattegg bei Graz (Österreich)

LP Architektur

Vorherige Doppelseite Mit Holzfassade und flach geneigtem Satteldach knüpft das Haus an die regionale Bautradition an und fügt sich zurückhaltend in sein Umfeld ein.

Links Schöne Aussichten in die umgebende Landschaft bietet die großzügige Loggia, die den Elternschlafraum im Obergeschoss um ein zusätzliches Zimmer im Freien erweitert.

Rechts oben Von der Zufahrt führt eine schlichte, dem natürlichen Hangverlauf folgende Außentreppe zum Eingang. Der eingeschossige Betonbau dient als Carport und Lager.

Rechts unten Archetypisch einfach und mit wenigen, präzise gesetzten Fensteröffnungen präsentiert sich die Fassade des Massivholzbaus zur Gartenseite im Südosten hin.

Fertig gestellte Häuser sind für ihre Architekten wie gebaute Visitenkarten – und für künftige Bauherren die idealen Anschauungsobjekte. Auch in diesem Fall kam der Kontakt zwischen den Auftraggebern und ihrem Architekten über ein mehrfach publiziertes – sowie beim HÄUSER-Award 2018 prämiertes – Projekt zustande, das Tom Lechner wenige Jahre zuvor im Pongau bei Salzburg errichtet hatte: ein archetypisch einfacher Massivholzbau, der sich mit flach geneigtem Satteldach und sägerauer Lattenfassade unaufdringlich in seine ländliche Umgebung einfügt. Nach außen hin bekennt er sich klar zur regionalen Bautradition, in seinem Innern bietet er jedoch mit zeitgemäß gestalteten Räumen eine unverwechselbare Wohnatmosphäre.

Dies alles sind Qualitäten, die sich auch bei dem neuen Domizil, das Lechner für eine vierköpfige Familie auf einem Hangareal an der Peripherie von Graz errichtete, wiederfinden sollten. Außer einem Raumprogramm sowie dem Wunsch, Holz sowohl als Konstruktionsmaterial als auch für den Innenausbau einzusetzen, ließen die Bauherren ihrem Architekten freie Hand.

Entstanden ist ein zweigeschossiger, längsrechteckiger Bau, dessen Satteldach auf der Giebelseite weit vorgezogen ist und den Balkon sowie die darunterliegende Terrasse beschirmt. Als besondere Herausforderung erwies sich in diesem Fall die Topografie des Grundstücks: Zur Zufahrtsseite im Südosten fällt das Gelände steil ab. »Das Thema des Ankommens war hier sowohl städtebaulich als auch funktional entsprechend zu entwickeln, ohne zu sehr in den Charakter des Ortes einzugreifen und ihn zu verändern«, erklärt Lechner. Den Auftakt bildet nun ein eingeschossiges Nebengebäude aus Sichtbeton, das auf Höhe der Zufahrtsstraße liegt. Es bietet Platz für den Carport sowie einen Abstellraum, der den fehlenden Keller ersetzt. Der Weg zum Haus führt über eine Außentreppe, über die man – dem natürlichen Hangverlauf folgend – zum Eingang auf der Nordseite gelangt, wo ein Einschnitt in die Gebäudehülle eine geschützte, überdachte Nische entstehen lässt.

Von der Diele geht es linkerhand in einen großzügigen zusammenhängenden Koch-, Ess- und Wohnbereich, der nur durch einen Niveausprung gegliedert wird und sich im Südosten auf eine überdachte, gebäudebreite Terrasse erweitert. Auf der gegenüberliegenden Seite sind ein Gästezimmer sowie die Nebenräume untergebracht.

Eine geradläufige Holztreppe führt weiter in die obere Etage, in der sich die privaten Rückzugsräume der Familie aneinanderreihen. Sie werden über einen breiten wohnlichen Flur erschlossen, der Multifunktionsraum und Ankleide zugleich ist, sodass die Zimmer nicht unnötig durch Stauraummöbel verstellt werden: Auf seiner gesamten Länge ist er mit praktischen Einbauten und Schrankwänden aus Fichte-Dreischichtplatten bestückt, die unauffällig wie Tapetentüren in die Holzverkleidung integriert sind. Ein Fensterband stellt den Blickkontakt nach draußen her und dient mit seiner niedrigen Brüstung zugleich als bequeme Sitzgelegenheit.

Holz bestimmt nicht nur das äußere Erscheinungsbild des Hauses, sondern auch sein Interieur. Die Wände und Decken aus Massivholzplatten prägen mit ihren astigen Oberflächen den Raumeindruck im ganzen Haus und verleihen dem klaren, schlichten Bau eine behagliche Note. Auch die maßgefertigten, handwerklich perfekten Einbauten sind hier – wie bei allen Projekten Lechners – integraler Bestandteil der Architektur: etwa die Sitzbank, die den Höhenunterschied zwischen Küche und Essplatz ausgleicht, oder die vielen praktischen Regale und Staufächer im Wohnbereich. Breite Holzdielen tragen überall zum stimmigen Gesamteindruck bei, in Diele und Küche dient Sichtestrich als robuster und pflegeleichter Bodenbelag.

Links oben Eine raumhohe Festverglasung holt viel Tageslicht in den Eingangsbereich im Erdgeschoss. Der robuste Estrichboden setzt sich in der angrenzenden Küche fort.

Links Mitte Das Wohnzimmer öffnet sich mit einer breiten Glasschiebetür auf das vorgelagerte Terrassendeck, das von der Auskragung des Obergeschosses beschirmt wird.

Links unten Ein heller, wohnlicher Flur erschließt die Zimmer in der oberen Etage. Einbauten aus Fichte-Dreischichtplatten fügen sich stimmig ins Gesamtkonzept.

Rechts oben Die Küche liegt leicht erhöht über dem Essplatz. Eine bequeme Sitzbank gleicht diesen Niveauunterschied geschickt aus und dient zugleich als Brüstungsmöbel.

Rechts unten Decken und Wände aus Massivholzplatten prägen mit ihren astigen Oberflächen den Raumeindruck im ganzen Haus und tragen zum individuellen Ambiente bei.

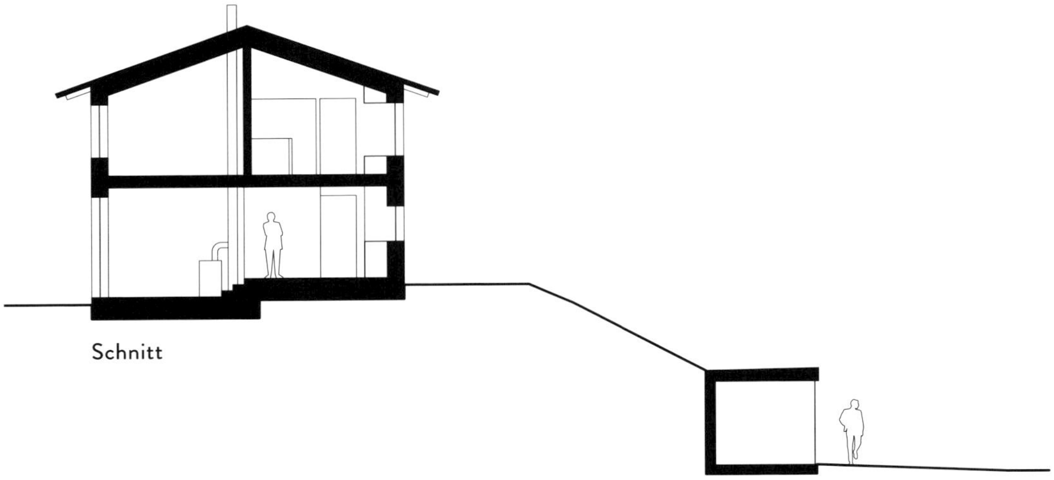

Schnitt

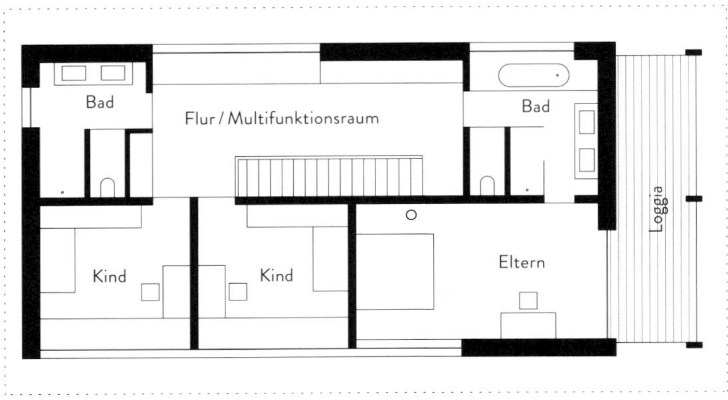

Obergeschoss

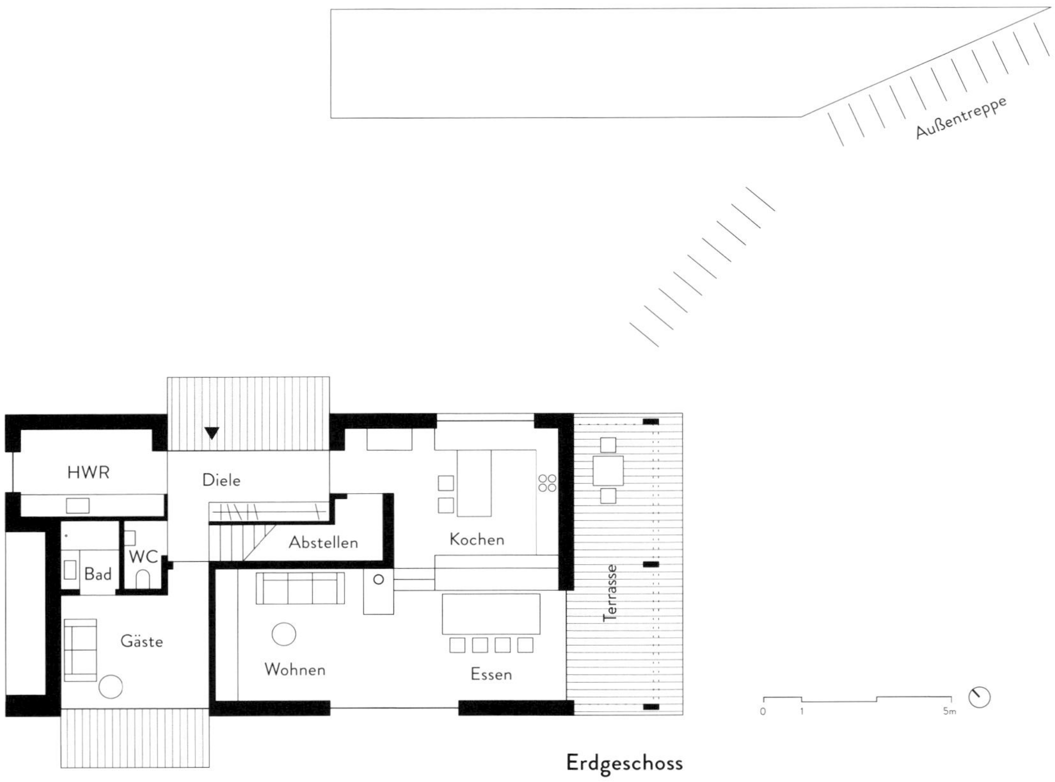

Erdgeschoss

Kurzporträt

- Neubau in Architektur- und Formensprache an lokaler Tradition orientiert
- Minimale Eingriffe in das natürliche Gelände, Erschließungskonzept der Hangsituation angepasst
- Holz als nachwachsender, regional verfügbarer Baustoff für Konstruktion, Fassade und Innenausbau
- Energieeffizienz durch kompakte Bauweise, gute Dämmung
- Handwerklich hochwertige Schreinereinbauten
- Verzicht auf einen Keller

Gebäudedaten

Grundstücksgröße: 1.743 m^2
Wohnfläche: ca. 185 m^2
Zusätzliche Nutzfläche: ca. 82 m^2
Anzahl der Bewohner: 4
Bauweise: Massivholzbau mit Holzfaser-dämmung
Fassade: Lärchenholzschalung
Energiekonzept: Luftwärmepumpe, Holzofen, Regenwasserzisterne für Brauchwassernutzung
Heizwärmebedarf: 40,1 kWh/m^2a
Primärenergiebedarf: 70,1 kWh/m^2a
Fertigstellung: 2018

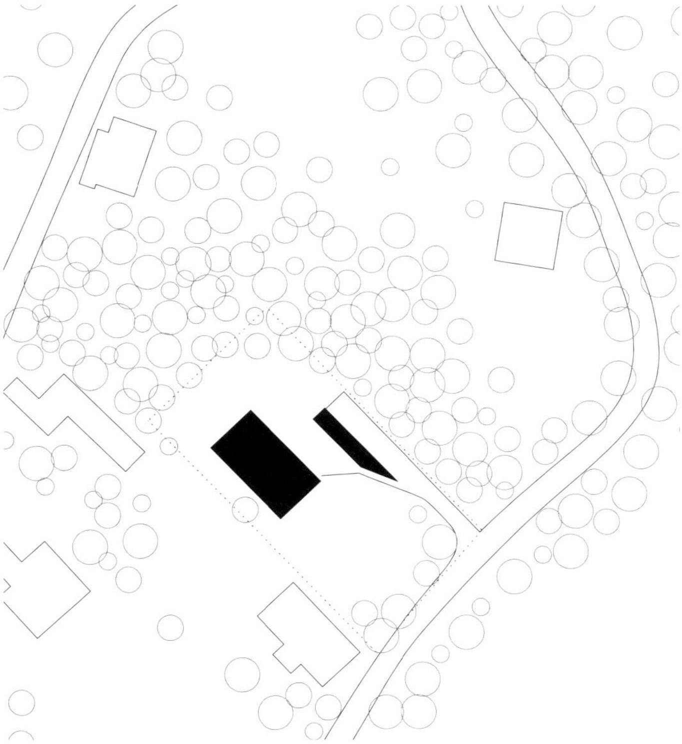

Lageplan

Tom Lechner, LP Architektur

» Durch seine Klarheit und Struktur verbindet sich das Gebäude sensibel mit der umgebenden Natur. «

Auszeichnung

FASSADE MIT CHARAKTER

Haus am Buddenturm in Münster

hehnpohl architektur

Vorherige Doppelseite Außen Backstein, innen Beton: Asymmetrische Vor- und Rücksprünge in der Ziegelfassade verleihen dem kompakten Bau mehr Plastizität.

Links Mit seinem steil aufragenden Satteldach fügt sich der Neubau nahtlos in die historische Häuserzeile ein. Die Erdgeschosszone ist mit Kupferpaneelen verkleidet.

Rechts In der Essküche im ersten Stock sorgen raumhohe Glasschiebetüren für fließende Übergänge auf die Dachterrasse und geben den Blick auf die Observantenkirche frei.

Schon von Weitem ist er nicht zu übersehen: Der 30 Meter hohe Buddenturm in der westfälischen Stadt Münster ist Wahrzeichen und Orientierungspunkt zugleich. Er wurde um 1150 errichtet und ist als einziger von sieben Wehrtürmen der ehemaligen Stadtbefestigung noch erhalten. Nicht weit entfernt davon entstand das neue Familienwohnhaus, das Marc Hehn und Christian Pohl entwarfen. In Form, Farbe, Materialwahl und Maßstab orientiert es sich an der kleinteiligen Altstadtbebauung in seiner Umgebung. Mit seinem spitzgiebeligen Satteldach und der rotbraunen Backsteinfassade reiht es sich nahtlos zwischen die historischen Häuser ein – und gibt sich dennoch klar als etwas Neues zu erkennen: Asymmetrische, geschossweise Vor- und Rücksprünge gliedern die Straßenansicht und verleihen dem schlichten, monolithisch wirkenden Bau eine ungewohnte Plastizität. Dieses Konzept ergab sich aus den besonderen städtebaulichen Rahmenbedingungen, wie die Architekten erläutern: »Die Straße weist im Bereich des Grundstückes drei Fluchten auf: die beiden Baufluchten der west- und östlich angrenzenden Häuserzeilen sowie als dritte die eigene Parzellengrenze. Diese Fluchten zeichnen sich auch in der Fassade ab.«

Mit seiner skulpturalen Anmutung erinnert der Neubau an mittelalterliche Fachwerkhäuser mit ihren Kraggeschossen, im Übrigen zeigt er sich jedoch kompromisslos modern und gibt mit sparsam verteilten, großformatigen Fensteröffnungen nur wenig von seinen Innenleben preis. Die Erdgeschosszone mit Garagenzufahrt und Hauseingang ist mit Kupferpaneelen verkleidet, die alle neugierigen Blicke abprallen lassen. Schöne Perspektiven bieten sich den Bewohnern in der oberen Etage: Hinter einer Eckverglasung, die wie ein nach innen gestülpter Erker weit hinter die Fassade zurückgesetzt ist, verbirgt sich eine bequeme Sitzbank. Sie dient als geschützter Aussichtsposten, von dem aus man die Straße entlang bis zum Buddenturm blicken kann.

Die Wohnfläche verteilt sich auf insgesamt vier Geschosse. An das Entree schließt sich ein Multifunktionsraum an, der je nach Bedarf als zusätzlicher Aufenthaltsbereich, Gästeunterkunft oder Partyzone dient und über einen kleinen Innenhof belichtet wird. Eine skulpturale Sichtbetontreppe wendelt sich hinauf ins erste Obergeschoss, das mit dem zusammenhängenden Wohn-, Koch- und Essbereich sowie einer großzügigen Dachterrasse den Mittelpunkt des Familienlebens bildet. Die deckenhoch verglaste Südfassade rückt hier ein weiteres geschichtsträchtiges Bauwerk ins Blickfeld: die Observantenkirche, eine ehemalige Ordenskirche aus dem 17. Jahrhundert. In den folgenden beiden Etagen sind die privaten Rückzugsräume der Familie untergebracht.

Mit einer ausgeklügelten Tageslichtregie gelang es den Architekten, das typische Stadthaus-Problem geschickt zu lösen: Über Dachverglasungen an den Traufkanten sowie im Firstbereich oberhalb des Treppenhauses kann zusätzliches Licht tief ins Gebäudeinnere vordringen – und erzeugt je nach Tages- und Jahreszeit unterschiedliche Stimmungen. Für abwechslungsreiche Licht- und Schattenspiele sorgen auch die rauen Decken und Wände aus Sichtbeton, die den Raumeindruck im gesamten Haus prägen. Einen reizvollen Kontrast hierzu bilden die geölten Eichenholzdielen, die mit einer feinen Fuge an die Wände anschließen.

Welchen großen Wert die Planer auf präzise Details und eine sorgfältige handwerkliche Verarbeitung legten, zeigt sich nicht zuletzt an der akkurat gemauerten Backsteinfassade. Für das Mauerwerk im Läuferverband wurden lange Handformziegel verwendet, die ihre charakteristische Optik einem speziellen, zeitintensiven Herstellungsverfahren verdanken: Im Gegensatz zu industriellen Produkten werden sie in einem traditionellen kohlebefeuerten Ringofen gebrannt, was zu unterschiedlichen Verfärbungen und Ansengungen führt – und damit auch zum unverwechselbaren Aussehen des Hauses beiträgt.

MENÚ DEL DÍA
GUACAMOLE DE MEXICO
PIZZE AL GUSTO

Links oben Blickfang im Wohnbereich ist eine Wand aus schwarz eingefärbtem Stampfbeton, die durch das von oben hereinfallende Streiflicht gekonnt in Szene gesetzt ist.

Links unten Wenige Farben und Materialien prägen das Interieur: Der helle Dielenboden sowie der Küchenblock sind aus Eichenholz, die Arbeitsplatte ist aus Schiefer.

Rechts oben Vom Entree führt eine skulptural anmutende Treppe in die oberen Etagen. Der Multifunktionsraum im Hintergrund orientiert sich auf einen kleinen Innenhof.

Rechts unten Die Staffelung der Fassade spiegelt sich auch im Innern wider: Der Rücksprung im Obergeschoss bietet Platz für einen verglasten Sitzerker neben der Treppe.

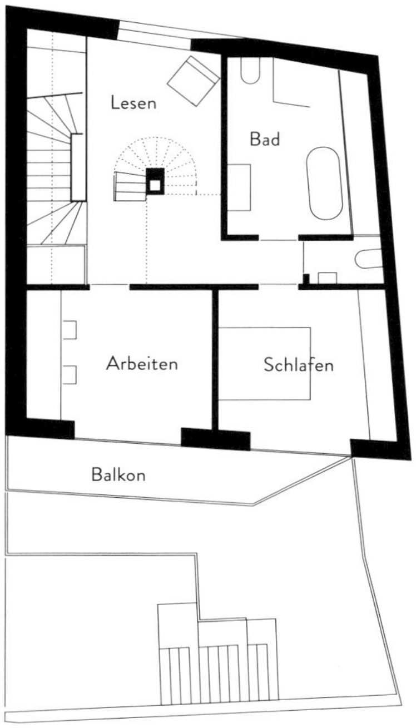

2. Obergeschoss

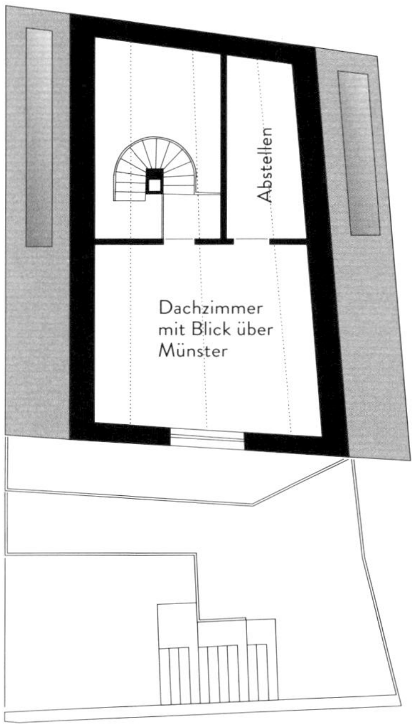

Dachgeschoss

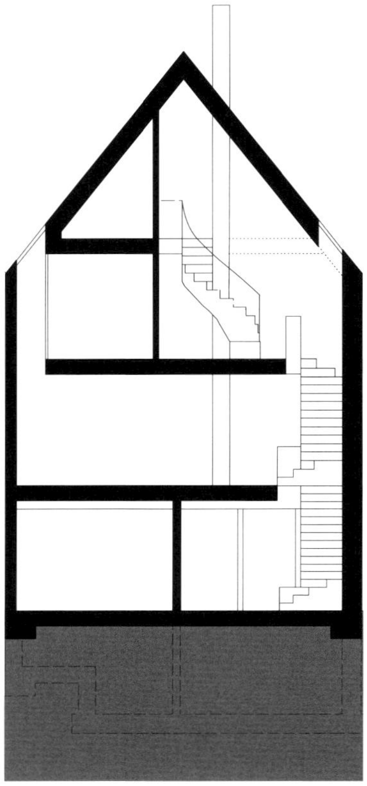

Schnitt

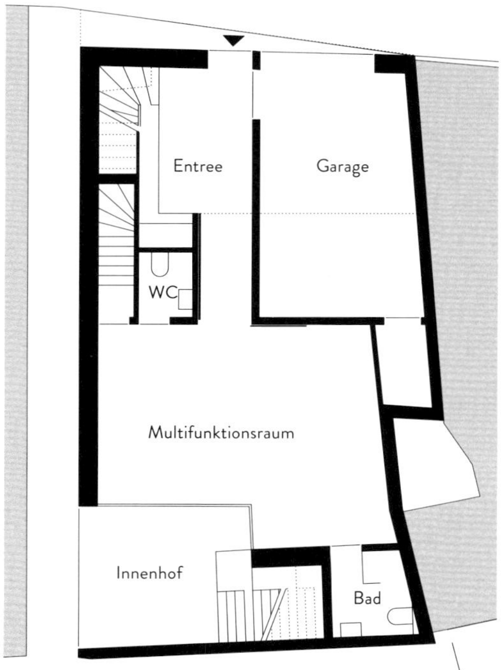

Erdgeschoss

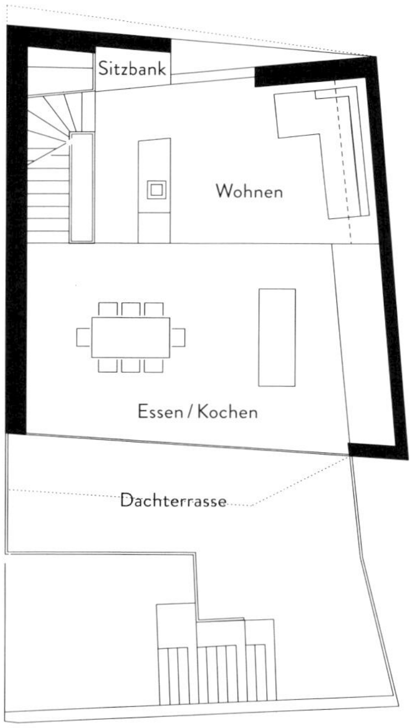

1. Obergeschoss

Kurzporträt

- Flächensparendes Einfamilienhaus auf kleinem innerstädtischem Grundstück
- Aufwertung des Stadtbilds durch Schließen der Baulücke
- Haus in Form, Farb- und Materialwahl an historischer Nachbarbebauung orientiert
- Traditionelle Ringofenklinker als langlebiges und wartungsarmes Fassadenmaterial
- Innenausbau auf zwei Materialien reduziert: Sichtbeton und Holz
- Geschickte Tageslichtregie
- Multifunktionsraum im Erdgeschoss für flexible Nutzung
- Hohe Energieeffizienz durch kompakte Bauweise und zweischaligen Wandaufbau

Gebäudedaten

Grundstücksgröße: 125 m^2
Wohnfläche: 190 m^2
Zusätzliche Nutzfläche: 50 m^2
Anzahl der Bewohner: 4
Bauweise: Massivbau, zweischalige Außenwände mit Kerndämmung (Stahlbeton / Klinker)
Fassade: kohlegebrannte Handformziegel
Energiekonzept: Gasbrennwerttherme, kontrollierte Wohnraumlüftung, passive solare Gewinne über Glasfronten auf der Südseite und Dachflächenfenster
Heizwärmebedarf: 35,8 kWh/m^2a
Primärenergiebedarf: 43,9 kWh/m^2a
Fertigstellung: 2019

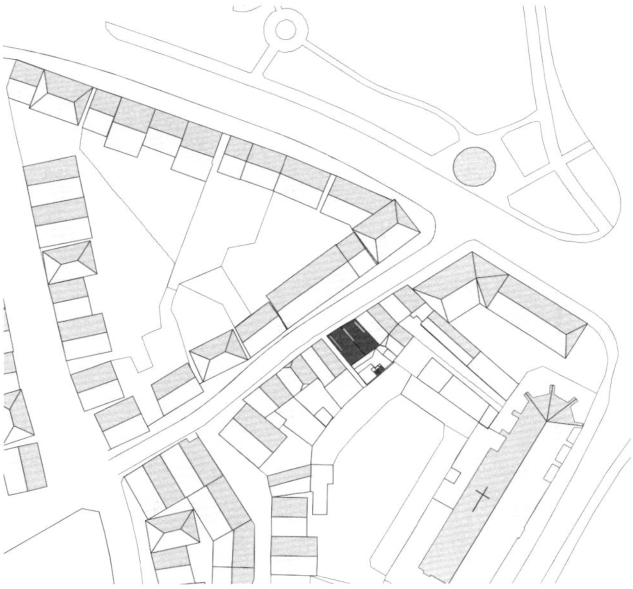

Lageplan

Christian Pohl und Marc Hehn

» Es war uns wichtig, dass die Form des Hauses dem historischen Kontext gerecht wird, der Neubau zugleich aber gestalterisch als zeitgenössisch erkennbar sein sollte. «

Auszeichnung

DER KREISLAUF DER ARCHITEKTUR

Raum für vieles in Fulpmes / Stubaital (Österreich)

Madritsch Pfurtscheller

Die Baubranche ist nicht nur einer der ressourcenintensivsten Wirtschaftszweige, sondern erzeugt auch enorme Mengen an Abfall – in Deutschland weit mehr als die Hälfte des gesamten Müllaufkommens. Von Produktionsresten über Ausschussware bis hin zu Abbruchmaterial fallen Rohstoffe an, deren Recyclingpotenzial oft auf der Strecke bleibt. Das war nicht immer so: Früher war es durchaus üblich, Altes aufzubewahren und wiederzuverwenden, etwa gut erhaltene Bauteile andernorts wieder einzusetzen. Mit dem Trend zur Konsum- und Wegwerfgesellschaft änderte sich dies. Zudem gibt es mittlerweile immer komplexere Baustoffe und Mehrkomponententeile, die mit vertretbarem Aufwand kaum noch zu trennen sind.

Ganz anders war es bei dieser alten Tenne im österreichischen Fulpmes, die der Architekt Robert Pfurtscheller in einer Art »Versuchsanordnung«, wie er es selber nennt, an anderer Stelle wiedererrichtete. Für Pfurtscheller, der zusammen mit Reinhard Madritsch ein Büro in Innsbruck führt, geriet das Recycling-Projekt dabei auch zu einem persönlichen architektonischen Statement, nicht zuletzt, weil es sich um das ehemalige Elternhaus seiner Frau handelte.

Der Altbau mit angebauter Tenne hatte einst mitten im Ortszentrum gestanden, war jedoch der Verkehrsplanung der Kommune im Weg. Vor vielen Jahren hatte sich die Gemeinde mit den Eigentümern daher auf eine Ablöse geeinigt und ihnen ein anderes Grundstück am Dorfrand zur Verfügung gestellt. Das massive Wohnhaus wurde daraufhin komplett abgerissen, die dazugehörige Tenne hingegen demontiert: Der Schwiegervater des Architekten, ein Zimmermann und Vertreter »der Generation, die einfach nichts weggeworfen hat«, so Pfurtscheller, hatte mit geschultem Auge die handwerklichen Qualitäten des einfachen Zweckbaus erkannt. »Er hat damals die Tenne fein säuberlich zerlegt, nummeriert und auf dem neuen Grundstück eingelagert.«

Mit dessen fachmännischer und tatkräftiger Unterstützung gelang es Pfurtscheller dann vor einigen Jahren auch, die gut 185 Jahre alte Konstruktion samt dazugehöriger Holzschalung wieder aufzubauen. Und da der Rohbau bereits eine Wiederverwertung war, sollte konsequenterweise auch alles andere möglichst aus Recyclingprodukten bestehen, die der Architekt aus den unterschiedlichsten Quellen beschaffte: teilweise aus eigenen Beständen, von Nachbarn oder Familienmitgliedern, die etwas ausrangiert hatten, von Handwerkern, anderen Baustellen oder vom Recyclinghof. Nicht nur Bauteile wie Fensterrahmen, Türen oder Gläser, sondern beispielsweise auch Waschbecken und Armaturen, ein gebrauchter Elektroschrank, eine Küche im 1970er-Jahre-Look sowie ein 100 Jahre alter Kachelofen fanden in der umgebauten Tenne Platz.

Neu gegossen wurde hingegen das Betonfundament, das dem Gebäude nicht nur als solide Basis, sondern auch als großzügige Terrassenplattform dient. »Die Bodenplatte ist genauso groß wie das gesamte Haus früher war, inklusive des massiven Teils«, so der Architekt. Diese »Fehlstelle« hält die Erinnerungen an das alte Elternhaus wach, könnte eines Tages aber auch überbaut werden.

Was sich an gebrauchtem Material nicht beschaffen ließ, wurde durch Neues ergänzt: etwa Fichtenholz, das für Böden, Treppen oder Innenwandverkleidungen zum Einsatz kam, Birkensperrholz für den Innenausbau, Lärchenbretter für die Dachdeckung, roher Stahl für Fensterlaibungen, Dachrinnen und Sockel.

Ungewöhnlich ist auch das Interieur gestaltet: In der Eingangsebene empfängt die Besucher ein großer, unmöblierter Atelierraum, dessen Decken und Wände aus Akustikgründen mit dunklen Wollvliesstreifen überzogen sind. Er ist als eine Art »Leerraum« konzipiert, ein Ort für den sozialen und kulturellen Austausch, der offen für vieles sein kann – etwa für Ausstellungen, Veranstaltungen, Konzerte, Performances oder Diskussionsabende. Im Gegensatz dazu herrscht im Wohnbereich in der oberen Etage eine ganz individuelle, atmosphärische Dichte, »getränkt von der Vergangenheit, aber konfrontiert mit der Gegenwart – und hoffentlich der Zukunft«, so der Architekt.

Vorherige Doppelseite Die alte Tenne, die Balken für Balken abgetragen und jahrelang zwischengelagert war, hat sich nach ihrem Wiederaufbau in ein Wohnhaus verwandelt.

Links außen Raffinierte Resteverwertung: Frei über die Fassade verteilte, verschieden große Fenster tragen zum unverwechselbaren Erscheinungsbild des Hauses bei und sind alle secondhand.

Links Zur Straße hin zeigt sich der Bau verschlossen. Für die Fassadenverkleidung wurde die originale Fichtenholzschalung wiederverwendet, die eine schöne graue Patina hat.

Rechts beide Der multifunktionale Raum im Erdgeschoss wird auch für kleinere Veranstaltungen genutzt. Er ist mit einem Geflecht aus Schafwollvlies ausgekleidet.

Links oben Das alte Gebälk prägt auch den Raumeindruck im offenen, loftartigen Wohnbereich im Dachgeschoss. Das Bett ruht auf zwei Holzträgern direkt unter dem First.

Links unten Über leiterartige Treppen werden die drei leicht versetzten Wohnebenen erschlossen. Decken- und Wandverkleidungen sowie der Dielenboden sind aus hellem Fichtenholz.

Rechts Auch die Küchenzeile im 1970er-Jahre-Look stammt aus zweiter Hand. Das Bücherregal wurde um das leicht abgeschrägte Fenster an der Giebelseite herumgebaut.

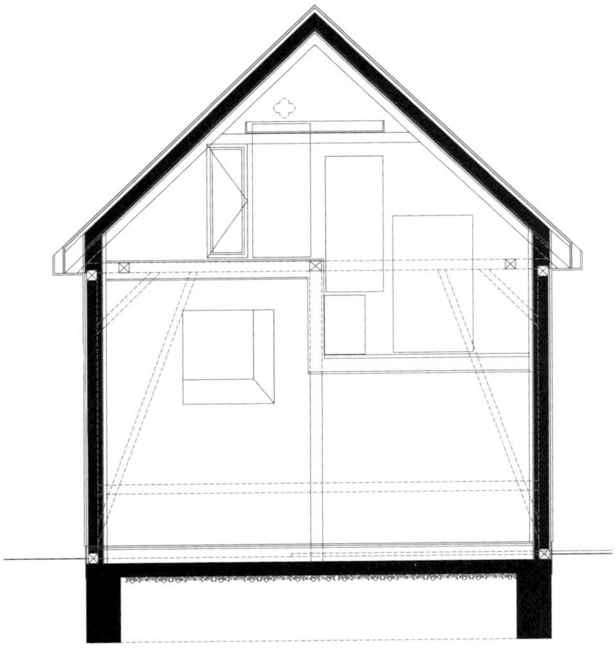

Schnitt

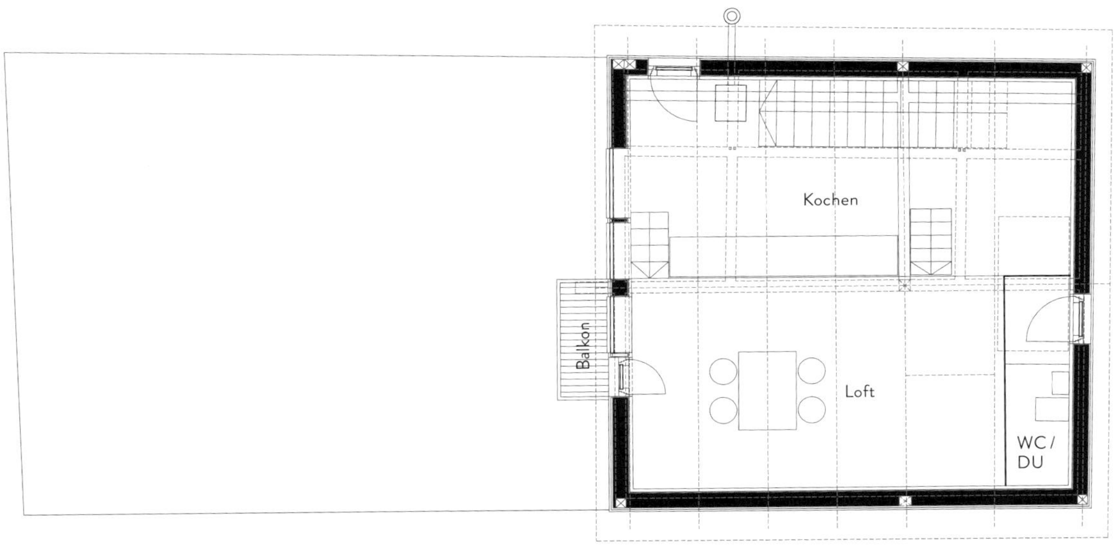

Obergeschoss

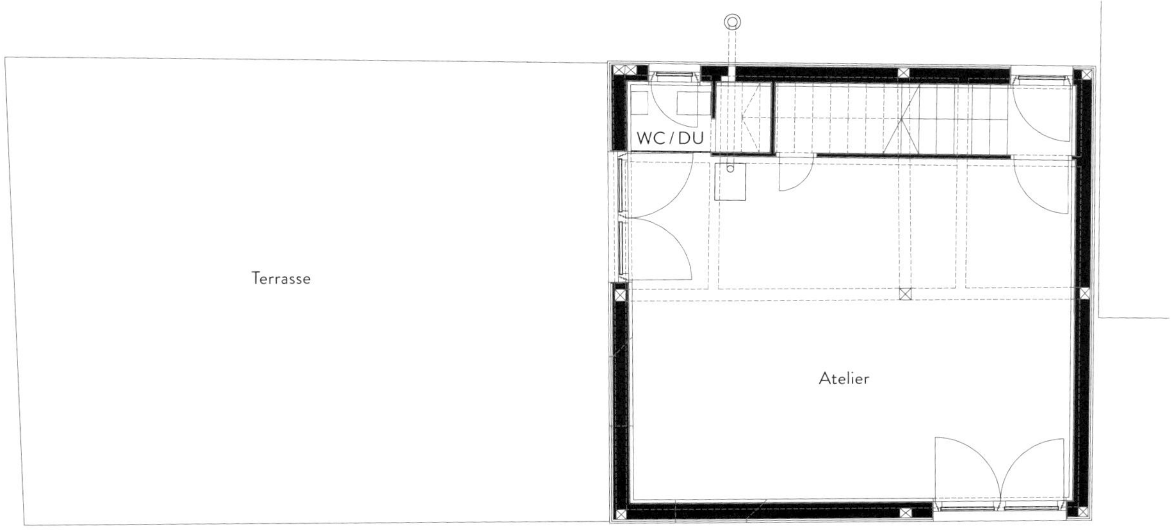

Erdgeschoss

Kurzporträt

- Wiederaufbau einer bereits abgerissenen, 185 Jahre alten Tenne und Umnutzung zu Wohnzwecken
- Kosten-, energie- und ressourcenschonendes Bauen durch Wiederverwendung originaler Bauteile
- Recycling von Baumaterial, teilweise von anderen Baustellen; Einsatz von Ausschussware, gebrauchten Installations- und Einrichtungsgegenständen
- Flächensparende, kompakte Bauweise
- Verwendung umweltfreundlicher, nachhaltiger Materialien: Holz für Konstruktion, Fassade und Innenausbau, Hanfdämmung

Gebäudedaten

Grundstücksgröße: 824 m²
Wohn- und Nutzfläche: ca. 74 m²
Zusätzliche Nutzfläche: ca. 60 m² (Terrasse)
Anzahl der Bewohner: 1
Bauweise: Holzriegelbau mit Hanfdämmung
Fassade: Bestandsschalung aus Fichte an drei Seiten, eine Seite Lärchenlatten in verschiedenen Stärken
Baukosten gesamt: ca. 40.000 Euro (ohne Eigenleistungen)
Energiekonzept: zwei Holzöfen, zwei Infrarotpaneele, recycelter Elektroboiler
Heizwärmebedarf: ca. zwei Raummeter Holz
Fertigstellung: 2020

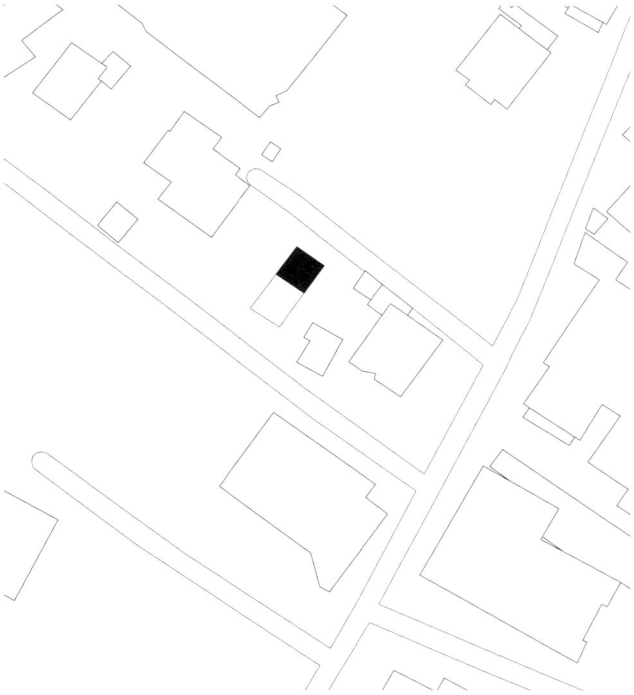

Lageplan

Robert Pfurtscheller und Reinhard Madritsch

» Entwurfsidee war das Wiedererrichten der alten Tenne und eine möglichst sparsame Ertüchtigung des Hauses. «

Auszeichnung

RAUMBILDENDE MASSNAHMEN

Ash House in London (Großbritannien)

R2 Studio Architects

Vorherige Doppelseite Die historische Doppelhaushälfte wurde aufwändig renoviert und auf der Gartenseite um einen hölzernen zweigeschossigen Anbau erweitert.

Links Ein Kiesweg führt zum Eingang im Norden. Zur Straße hin präsentiert sich der Altbau mit einer blaugrauen Putzfassade, die mit dem holzverkleideten Annex kontrastiert.

Rechts Mit der Erweiterung hat der Bestand nicht nur spürbar an Fläche, sondern auch an Wohnqualität gewonnen: Große Glasfronten sorgen für mehr Licht und Luftigkeit.

Die renovierungsbedürftige Doppelhaushälfte im Londoner Stadtteil Lewisham hatte viel Charme. Doch mit ihren kompakten, klassisch aufgeteilten Räumen entsprach sie weder den Wohnvorstellungen noch dem Flächenbedarf der vierköpfigen Bauherrenfamilie, die hier einziehen wollte. Die neuen Eigentümer wünschten sich mehr Licht, Luft und Raum, vor allem aber auch einen engeren Bezug zum Garten, der stärker in den Fokus gerückt werden sollte: Der historische Altbau, der um 1910 im Edwardianischen Stil errichtet wurde, steht auf einem idyllisch eingewachsenen Grundstück, direkt an einer Biegung des Flüsschens Quaggy, dessen Uferbereich von mächtigen alten Bäumen gesäumt wird. Diese schöne Naturkulisse war im Innenraum allerdings kaum erlebbar. Zur Gartenseite gab sich das Haus mit wenigen kleinen Öffnungen verschlossen, zudem verstellte ein eingeschossiges Nebengebäude an der Außenwand im Südosten den Blick.

Ziel des Umbaus, mit dem das Büro R2 Studio Architects beauftragt wurde, war es nicht nur, das Haus zu modernisieren und mehr Platz zu schaffen, sondern auch, den Außenraum in das Wohnerlebnis miteinzubeziehen. Der ehemalige Annex wurde daher komplett entfernt, stattdessen stellten die Architekten dem Bestand einen hölzernen, zweigeschossigen Anbau zur Seite. In Materialwahl und Formensprache setzten sie dabei auf klare Kontraste zwischen Alt und Neu: Mit seiner hellen Holzlamellenfassade und der kantigen, polygonalen Umrissform – die sich am dreieckigen Grundstückszuschnitt orientiert – hebt sich der Erweiterungstrakt deutlich vom massiven Wohngebäude ab. Große Glasfronten, die seine homogene Hülle durchbrechen, lenken den Blick gezielt nach draußen und holen viel Tageslicht ins Innere.

Davon profitiert vor allem das Erdgeschoss, das nicht nur deutlich an Fläche, sondern auch an luftiger Offenheit gewonnen hat: Im Altbau wurden einige Trennwände entfernt, sodass ein großzügiger, zusammenhängender Wohn-, Koch- und Essbereich entstand, der das neue Herzstück des Hauses ist. Auch die Lounge, die früher nur von der Diele aus zugänglich war, wurde in das Konzept eingebunden und mit einem Wanddurchbruch zum Allraum geöffnet.

Von jedem Standpunkt aus kann man nun ins Grüne blicken – wobei die verschiedenen Sichtachsen abwechslungsreich inszeniert werden. Während der Vorgarten mit mediterranen Pflanzen gestaltet ist, orientiert sich der Essplatz auf ein kleines Wasserbassin, der Familienwohnbereich wiederum ist mit einem Panoramafenster auf einen japanisch anmutenden Steingarten ausgerichtet. Schöne Perspektiven bietet auch die Küche an der Gebäuderückseite, die sich mit einer deckenhohen Glasfront auf eine breite Terrasse öffnet, die von der Abendsonne beschienen wird. Im Obergeschoss blieb die Raumaufteilung weitgehend erhalten, mit dem Anbau haben die Eltern jedoch ein neues Schlafzimmer samt Bad hinzugewonnen.

Auch was die Energiebilanz des Hauses betrifft, bietet der Erweiterungstrakt klare Vorteile: Die einst ungedämmte Ziegelfassade an der Längsseite erhielt auf diese Weise eine gut isolierte neue Außenschale. Ebenso wurden das Dach und die Bodenplatte des bestehenden Hauses nachträglich gedämmt sowie sämtliche Fenster ausgetauscht.

Bei der Gestaltung des Interieurs setzten Bauherren und Architekten auf wenige Farben und Materialien – vor allem aber auf Eschenholz, dem das »Ash House« auch seinen Namen verdankt: Es kam sowohl für den durchgängigen Bodenbelag, die maßgefertigten Einbaumöbel sowie die neue Treppe ins Obergeschoss zum Einsatz und verleiht dem Interieur einen homogenen, zeitgemäßen Look. Für einen fröhlich-bunten Kontrast im Entree sorgt der leuchtend rot gestrichene Flur: »Das Farbkonzept ist sonst recht zurückhaltend, am Eingang wollten wir daher einen Akzent setzen«, erklärt der Architekt Frederik Rissom. »Zudem gilt Rot in der chinesischen Kultur als glücksbringend.«

Oben Durch den Wegfall von Trennwänden gehen Alt und Neu im Erdgeschoss fließend ineinander über. Deckenhohe Glasschiebetüren öffnen sich auf die Terrasse im Süden.

Rechts Viel Stauraum bietet die neue Küche. Die Möbel sind aus massivem Eschenholz, die Arbeitsplatte sowie die Wandverkleidung sind aus Porzellan mit Marmoreffekt.

Rechts Zum stimmigen Raumeindruck im ganzen Haus tragen auch die maßgefertigten Schreinereinbauten bei. Sie schaffen Platz und sparen zusätzliches Mobiliar.

Unten Die großen Fassadenöffnungen lenken den Blick gezielt in den Garten. Die niedrige Fensterbank ist praktisches Stauraummöbel und bequeme Sitzfläche zugleich.

Oben Durchgehende Sichtachsen sorgen auch optisch für mehr Großzügigkeit. Ein Wanddurchbruch bindet die Lounge mit Bibliothek im bestehenden Haus an den Neubau an.

Rechts Mehr Durchblick bietet auch die Treppe. Die Holzbrüstung ist mit einem Lochmuster perforiert, das auch kleinen Kindern die Aussicht auf Augenhöhe erlaubt.

Ganz rechts Mut zur Farbe: Die Eingangsdiele im Altbau wurde ebenfalls neu gestaltet und setzt mit ihrem leuchtend roten Anstrich einen fröhlich-bunten Akzent.

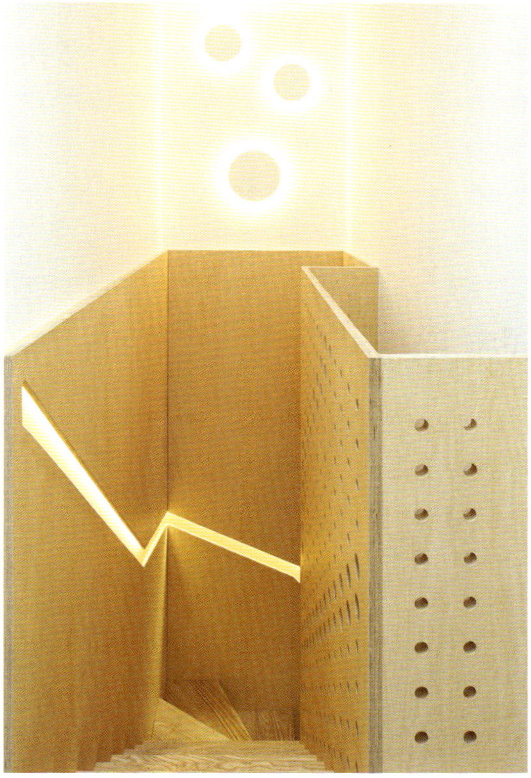

Oben Das Elternzimmer liegt im Obergeschoss des Anbaus. Die Außenwand ist mit weiß lackiertem Holz verkleidet, das Fenster in der Nische holt die Morgensonne herein.

Ganz links Auf Zack: Auch das Treppenhaus ist in hellem Eschenholz gestaltet. Ein Blickfang ist der versenkte Handlauf, der bei Dunkelheit effektvoll beleuchtet wird.

Links Auffallend unauffällig: In die lamellenartige Wandverkleidung sind der Zugang zum Elternbad sowie die grifflosen Einbauschränke wie Tapetentüren integriert.

Obergeschoss

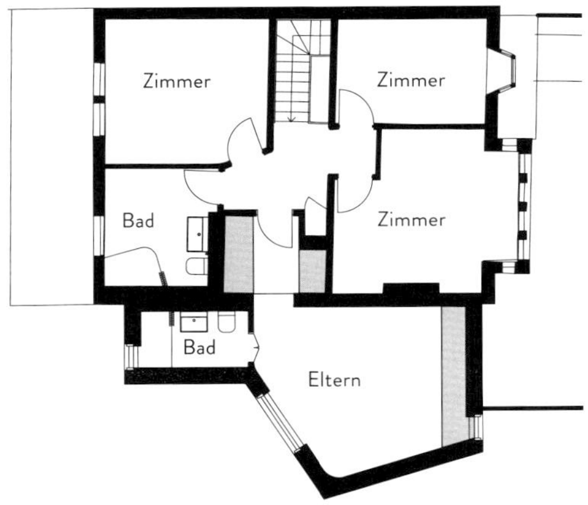

Erdgeschoss

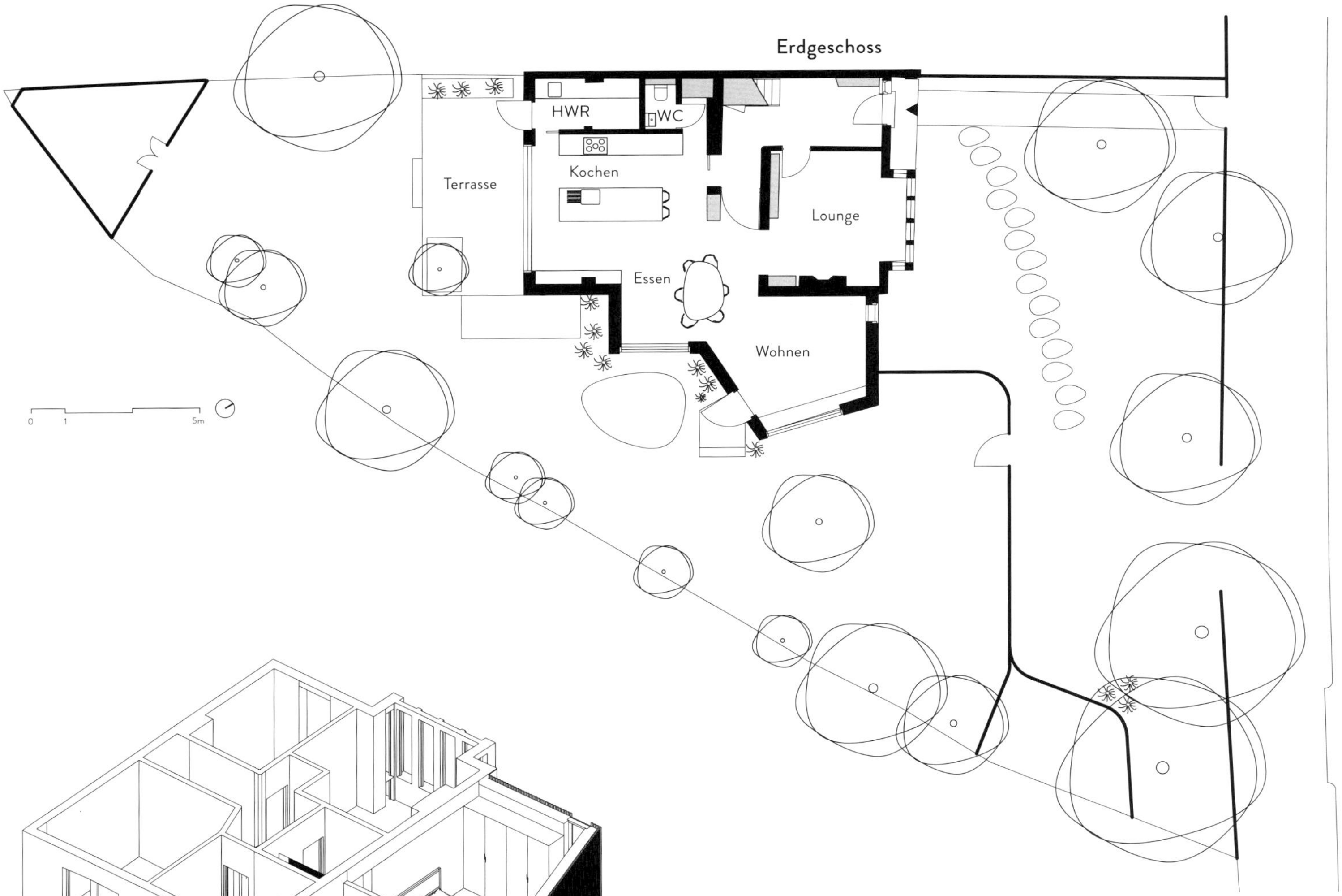

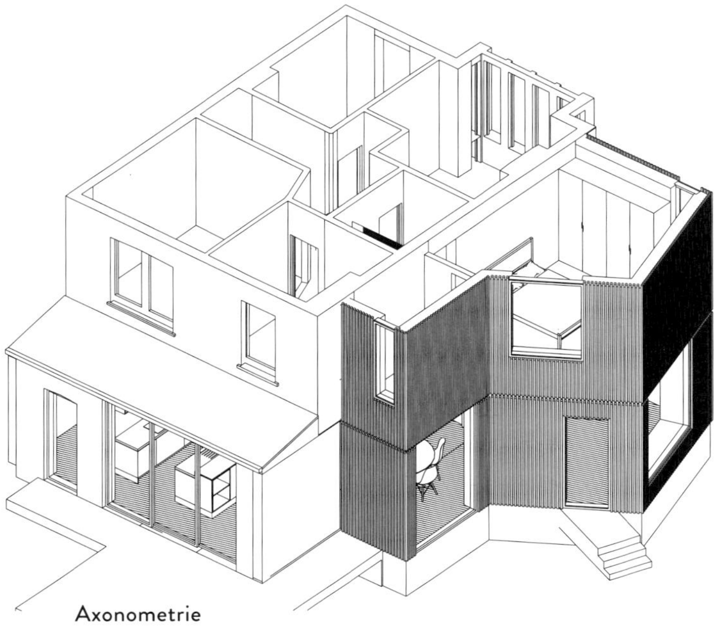

Axonometrie

Kurzporträt

- Renovierung, Umbau und Erweiterung eines historischen Doppelhauses
- Vergrößerung der Wohnfläche durch Anbau
- Grundriss mit Wanddurchbrüchen neu organisiert
- Engere Verbindung zum Außenraum durch Öffnung der Fassade zum Garten
- Neugestaltung der Freiflächen unter Erhalt des alten Baumbestands
- Holz als nachhaltiges Material für Konstruktion, Fassade und Innenausbau
- Energetische Ertüchtigung des Bestands, Dämmung von Dach und Bodenplatte, neue Fenster

Gebäudedaten

Grundstücksgröße: 500 m²
Wohn- und Nutzfläche: 165 m²
Anzahl der Bewohner: 4
Bauweise: Holzständerbau mit Holzfaserdämmung (Anbau), Mauerwerk (Bestand)
Fassade: Holzverkleidung mit Western Red Cedar (Anbau), Backstein, Putz (Bestand)
Energiekonzept: Gastherme, Fußbodenheizung im EG, Radiatoren im OG
Baujahr Bestand: ca. 1910
Fertigstellung Umbau: 2018

Lageplan

Frederik und Emily Rissom, R2 Studio Architects

» Wir glauben, das Thema Wohlbefinden ist hier sehr wichtig: Ein Haus, in dem die Bewohner sich wohlfühlen, wird wahrscheinlich so schnell nicht wieder umgebaut. «

Auszeichnung

MODERNES LANDLEBEN

Landgut Eifel

Uwe Bernd Friedemann Architekt

Vorherige Doppelseite Geheimnisvoll verschlossen gibt sich das umgebaute Haus zur Zufahrtsseite hin. In die hölzerne Hülle ist auch die Eingangstür dezent integriert.

Rechts oben Drei neue vollverglaste Gauben schieben sich aus der Dachfläche heraus und verleihen dem archaisch einfachen Baukörper ein unverwechselbares Aussehen.

Links Das Erdgeschoss wurde entkernt, der Wohnbereich orientiert sich auf die Talseite im Süden, wo eine durchlaufende Glasfront das Landschaftspanorama inszeniert.

Rechts unten Eine umlaufende Terrassenplattform sorgt für fließende Übergänge zwischen innen und außen. Die Öffnung an der Giebelseite holt die Abendsonne ins Haus.

Nicht nur die Lage dieses Anwesens in der Eifel ist beeindruckend, sondern auch seine außergewöhnlichen Dimensionen. Das Landgut erhebt sich an einem sanft geneigten Hang am Waldrand, im Süden geht der Blick über das weite Tal. »Der Vorbesitzer, ein Großindustrieller, hatte 1961 auf dem etwa vier Hektar großen Gelände zusätzlich zu Wirtschaftsgebäuden und Stallungen auch ein XXL-Wohnhaus als Jagddomizil errichtet«, erläutert der Architekt Uwe Bernd Friedemann die Vorgeschichte des Projekts. Im Jahr 2013 hatte der hochbetagte Eigentümer das Gebäudeensemble schließlich verkauft. Anders als ihr Vorgänger konnten sich die neuen Besitzer, die passionierte Reitsportler und Pferdeliebhaber sind, für die Jagd ebenso wenig begeistern wie für die biedere Architektur des Hauses. Der schwere, mit dunklem Holz verschalte Satteldachbau thronte auf einem steinernen Sockel über dem Gelände und verströmte in seinem Innern rustikales Jagdhaus-Flair, das noch den Geist vergangener Zeiten spüren ließ.

Der Wunsch nach einem Neubau war daher naheliegend, ließ sich jedoch nicht realisieren: Da sich das Haus planungsrechtlich im so genannten Außenbereich befindet, in dem keine neuen Wohngebäude errichtet werden dürfen, lehnten die zuständigen Behörden dies ab. Immerhin erteilten sie nach langem Hin und Her 2015 die Genehmigung für einen sehr umfangreichen Umbau. Im Nachhinein ein Glücksfall, findet der Architekt, denn »im Laufe der weiteren Bearbeitung stellte sich dies als die richtigere Lösung für diesen Ort heraus.«

Im Zuge der Baumaßnahmen wurden die alten Wirtschaftsgebäude auf der Nordseite entfernt und durch einen Reitplatz ersetzt, der von einer Trockenmauer aus Schiefer und Buchenhecken flankiert wird. Das Wohnhaus ist nach seiner radikalen Rundumerneuerung kaum wiederzuerkennen: Es wurde komplett entkernt und von jedem überflüssigen Ballast befreit. Nach außen hin präsentiert es sich mit einer homogenen Hülle aus vertikalen Lärchenholzleisten, die nicht nur Dach und Fassaden überzieht, sondern teilweise auch vor den Öffnungen verläuft. Trotz seiner beachtlichen Dimensionen – die Wohnfläche beträgt rund 500 Quadratmeter – haftet dem Bau nichts Protziges an: Mit seiner archaisch einfachen Form und den klaren Konturen erinnert er eher an eine Scheune oder ein ländliches Nutzgebäude und fügt sich mit seiner allmählich vergrauenden Holzfassade zurückhaltend das natürliche Umfeld ein.

So verschlossen sich das Haus zur Zufahrtsseite im Norden gibt, so offen präsentiert es sich auf der Aussichtsseite im Süden, wo eine durchlaufende Fensterfront mit extrem schlanken Profilen das Landschaftspanorama im Breitwandformat inszeniert. Das Erdgeschoss ist über seine gesamte Länge bodentief verglast und gibt den Blick über die Baumwipfel hinweg Richtung Tal frei. Von dieser Aussicht profitiert auch das Dachgeschoss, in dem sich drei neue, vollverglaste Gauben aus der hölzernen Hülle schieben.

Doch nicht nur das äußere Erscheinungsbild, auch das Interieur des Hauses hat sich radikal verändert. Die einst düsteren, klassisch separierten Zimmer haben sich in ein lichtes, luftiges Raumkontinuum verwandelt, das offene Erdgeschoss wird nur durch wenige tragende Wandscheiben sowie einen massiven Kern mit Treppe und Nebenräumen gegliedert. Küche, Ess- und Wohnbereich gehen auf der Südseite fließend ineinander über, während sich an das Entree im Norden eine zweigeschossige Halle anschließt, die über einen Luftraum Sichtkontakt ins Dachgeschoss mit den privaten Zimmern hält. Besonderer Blickfang ist eine runde Bar aus dunkel gebeiztem Lorbeerholz, die als kommunikativer Treffpunkt mit Freunden und Gästen dient.

Der neue Geist spiegelt sich auch in der Materialwahl und dem unprätentiösen, handwerklich perfekten Innenausbau wider. Die Wände sind mit Lehm verputzt, der Bodenbelag ist aus geschliffenem Beton und setzt sich schwellenlos auf der umlaufenden Terrassenplattform fort. Für starke Kontraste sorgen maßgefertigte Schreinereinbauten aus dunkel gebeizter Eiche, während der Küchenblock und die Waschtische aus schwarzem Marmor sind.

Links oben Gläsern und großzügig: In der Eingangsebene gehen Küche, Ess- und Wohnbereich ineinander über. Ein Blickfang ist der Küchenblock aus schwarzem Marmor.

Links unten beide Der helle Betonboden bindet die offenen Raumzonen auch optisch zusammen, die Bar in der doppelgeschossigen Halle ist aus dunkel gebeiztem Lorbeerholz.

Ganz oben Schöne Aussichten bietet auch das geräumige Bad im Dachgeschoss, das mit einer frei stehenden Wanne und Einbauten aus schwarzem Marmor ausgestattet wurde.

Oben beide Der Schlaftrakt bildet eine enfiladenartige Raumfolge, die sich mit wandintegrierten Schiebetüren unterteilen lässt. Die Treppe ist aus dunkel gebeizter Eiche.

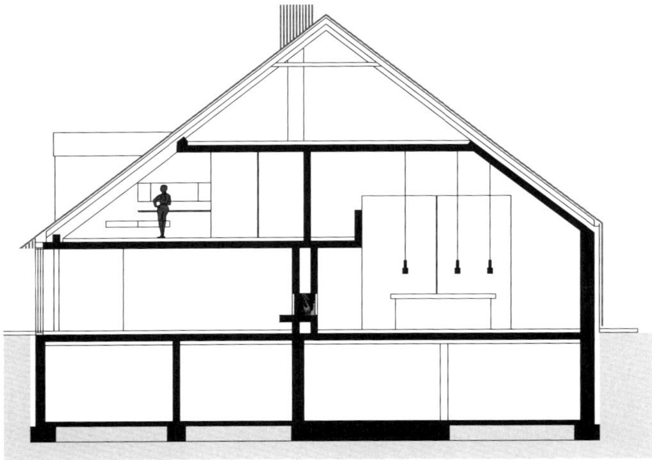

Schnitt

Obergeschoss

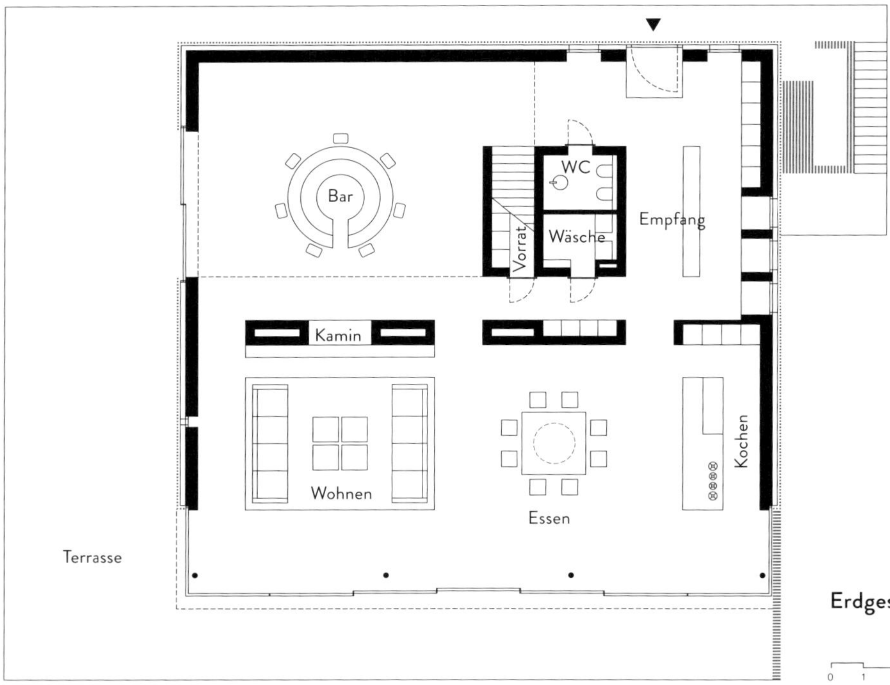

Erdgeschoss

Kurzporträt

- Radikaler Umbau eines Landhauses aus den 1960er-Jahren
- Entkernung des Bestands und Neuorganisation des Grundrisses
- Reduktion auf archetypisch einfachen Baukörper, in Formensprache und Materialwahl an ländlichen Zweckbauten orientiert
- Homogene Außenhülle aus Lärchenholz
- Einsatz umweltfreundlicher, nachhaltiger Materialien (Holz, Lehmputz)
- Verzicht auf Anstriche und den Einbau nicht recycelbarer Materialien
- Energetische Sanierung

Gebäudedaten

Grundstücksgröße: 40.000 m^2
Wohnfläche: 500 m^2
Zusätzliche Nutzfläche: 400 m^2
Anzahl der Bewohner: 3
Bauweise: Massivbau (Mauerwerk, Betondecken) mit mineralischer Dämmung
Fassade: Quadrathölzer aus sibirischem Lärchenholz
Energiekonzept: geothermische Wärmepumpe zum Heizen und Kühlen
Heizwärmebedarf: 52,5 kWh/m^2a
Primärenergiebedarf: 34,1 kWh/m^2a
Baujahr Bestand: 1961
Fertigstellung Umbau: 2019

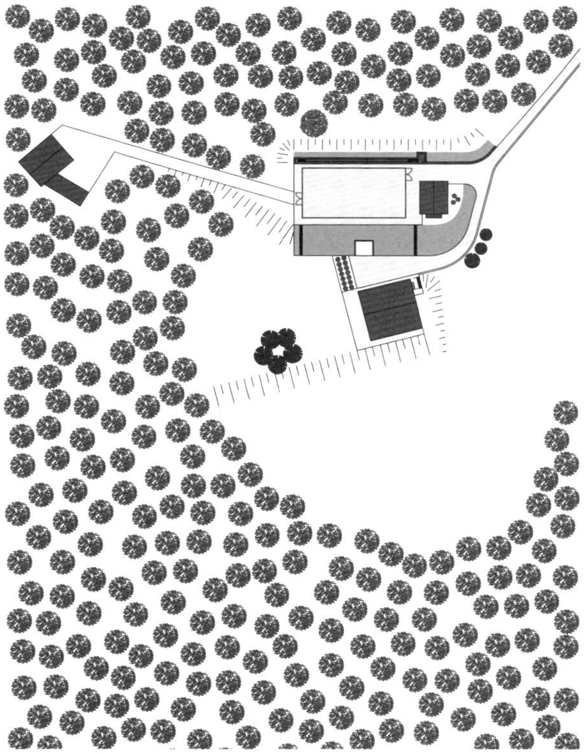

Lageplan

Uwe Bernd Friedemann

» Leitmotiv war die Reduktion auf das Wesentliche: Das Wohnhaus wurde komplett entkernt und von allem überflüssigen Ballast befreit. «

Auszeichnung

EIN GUTER MIX

Stadthaus in Maastricht (Niederlande)

ZuidArchitecten

Das unscheinbare Reihenhaus in einem ruhigen Wohnviertel südlich der Maastrichter Altstadt schien seine beste Zeit längst hinter sich zu haben: Es entstand um 1890 und hat seither etliche Umbauten und Renovierungen über sich ergehen lassen müssen. Als die Bauherren es im Jahr 2017 erwarben, war seine Substanz stark angegriffen. »Das Haus war in einem sehr schlechten Zustand, ein großer Teil davon musste abgerissen werden«, erinnert sich Raymond Haenen vom Büro ZuidArchitecten, der den Umbau des maroden Gebäudes übernahm.

Was folgte, war eine sehr aufwändige Sanierung, die fast einer Rekonstruktion gleichkam. Was vom Bestand an Material noch brauchbar war, wurde zwischengelagert, wieder eingebaut oder an anderer Stelle wiederverwendet. Wichtig war den Auftraggebern und ihrem Architekten dabei, dass der ursprüngliche Charakter und auch das Erscheinungsbild des schlichten Hauses zur Straße hin möglichst unverändert bleiben sollten. Nach außen hin präsentiert es sich nun mit hell gestrichener Fassade und neuen Fenstern, im Übrigen deutet nichts auf die radikalen Umgestaltungen in seinem Innern hin. »Es ist immer noch das ›Haus von nebenan‹, aber mit einem frischeren Erscheinungsbild«, stellt Haenen fest.

Drinnen ist jedoch kaum etwas beim Alten geblieben: Im Erdgeschoss fielen im Anschluss an die Diele sämtliche Trennwände, sodass auf der Gartenseite im Südwesten ein offenes Raumkontinuum mit Küche, Ess- und Wohnbereich entstand, das nur durch einen Niveausprung gegliedert wird. Ein zweigeschossiger Luftraum neben der Treppe – deren Position und Laufrichtung ebenfalls verändert wurde – stellt den Sichtkontakt in die obere Etage mit den Kinderzimmern her. Im Dachgeschoss, in dem die Eltern ihren eigenen Rückzugsbereich mit Schlafraum, Bad und Ankleide haben, sorgen zwei neue Gauben für mehr Stehhöhe.

Im Souterrain wurde ein kleines Einliegerappartement untergebracht, das der Familie derzeit vor allem zur Refinanzierung ihres Bauprojekts dient und als Bed & Breakfast an externe Gäste vermietet wird. Die Mini-Maisonette ist direkt von der Eingangsdiele aus zugänglich: Im Erdgeschoss schließt sich ein winziges Duschbad an, das als holzverkleideter Kubus über dem Schlafraum zu schweben scheint. Eine interne Treppe führt in die Ebene darunter, die über einen Luftraum sowie ein Fenster auf der Straßenseite mit Tageslicht versorgt wird.

Zum unverwechselbaren Raumeindruck trägt vor allem das collageartig anmutende Interieur bei, in dem unterschiedlichste Materialien und Oberflächen aufeinandertreffen. Was auf den ersten Blick beliebig erscheinen mag, hat Methode – und ist der Tatsache geschuldet, dass das Thema Recycling bei diesem Projekt eine wichtige Rolle spielte. Viele Materialien stammen von anderen Baustellen der Architekten oder aus Abbruchhäusern. Auch was während der Bauarbeiten vor Ort gerettet werden konnte oder erhaltenswert erschien, wurde wiederverwertet. Ein besonderer Blickfang im Souterrain etwa ist das Sichtmauerwerk aus Mergelstein, »einem für Maastricht sehr typischen Kalkstein«, wie Haenen erläutert. Früher wurde er in riesigen unterirdischen Gruben unweit der Stadt abgebaut. »Es ist kein einfaches Material«, erklärt er, »der Stein bröckelt leicht, ist teuer und kann die Feuchtigkeit anziehen. Deshalb kehrt er selten in die Häuser zurück, in denen er ursprünglich verbaut wurde. Aber mit viel Sorgfalt und der richtigen Verarbeitung wirkt er schön, warm und weich.« Für die Verkleidung des Badkubus wiederum wurde Altholz verwendet. Auch die Sichtziegelwand im Wohnbereich hatte bereits ein Vorleben – ebenso wie die Küchenmöbel: »Sie stammen aus einem anderen Umbauprojekt unseres Büros«, erklärt Haenen. »Da es sich um eine sehr hochwertige Einrichtung handelt, haben wir sie komplett wieder eingebaut, einschließlich aller Geräte. Nichts wurde verschwendet!«

Sparsam ist das Haus auch, was seinen Energieverbrauch betrifft. Dabei setzen die Bauherren ganz auf regenerative Quellen: 27 dachintegrierte Photovoltaikpaneele liefern Strom für die Wärmepumpe, der Überschuss wird ins Netz gespeist – und sorgt für zusätzliche monetäre Erträge.

Vorherige Doppelseite Großer Durchbruch: Der Altbau wurde in seinem Innern radikal entkernt, neu organisiert und mit geschosshohen Glasschiebetüren zum Garten geöffnet.

Links außen Die historische Straßenfassade blieb weitgehend erhalten und wurde renoviert. Zwei neue Gauben sorgen im Dachgeschoss für ausreichende Stehhöhe.

Links Im Souterrain liegt ein kleiner separater Schlaftrakt. Die Rückwand ist aus regionaltypischem Mergelstein, der darüberliegende Badkubus ist mit Altholz verkleidet.

Unten Das Erdgeschoss ist als offenes Raumkontinuum konzipiert. Der Wohnbereich ist leicht unter das Niveau der Eingangsebene abgesenkt und gewinnt so deutlich an Höhe.

Links Sichtmauerwerk aus Abbruchziegeln, helles Holz und polierter Betonboden prägen die Wohnatmosphäre. Das Sideboard dient als Brüstungsmöbel und Stauraum zugleich.

Oben links Viel Durchblick bietet das neue Treppenhaus, das über einen Luftraum Sichtkontakt zum Wohnbereich hält. Ein Gitternetz dient als Absturzsicherung.

Oben rechts Licht und luftig wirkt das Elternbad im Dachgeschoss, das über eine Gaube viel Morgensonne erhält. Der Dielenboden aus Douglasie sorgt für wohnliches Flair.

Unten Die Küche liegt in der Eingangsebene und ist über einen Wanddurchbruch mit dem Allraum verbunden. Die Möbel wirken wie neu, stammen jedoch alle aus zweiter Hand.

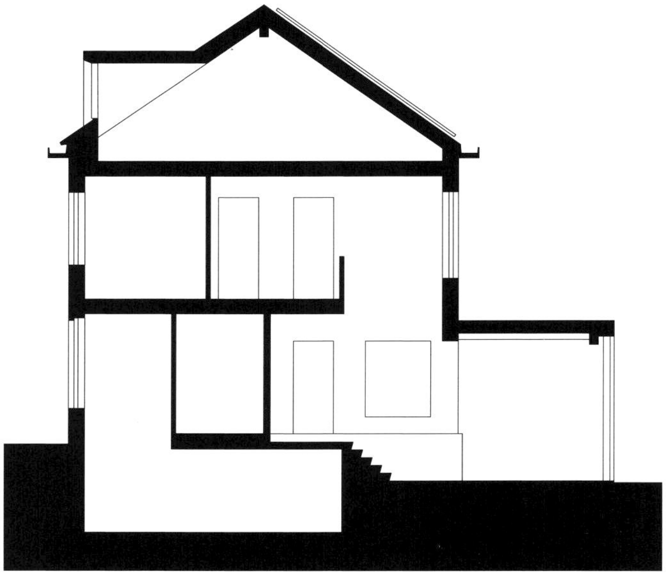

Schnitt

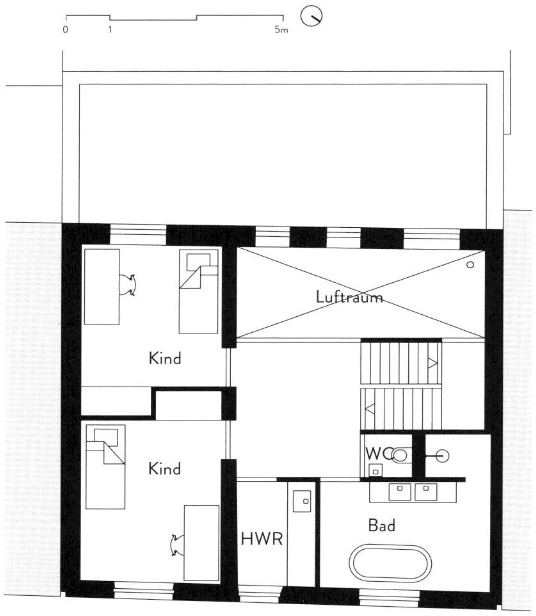

Obergeschoss

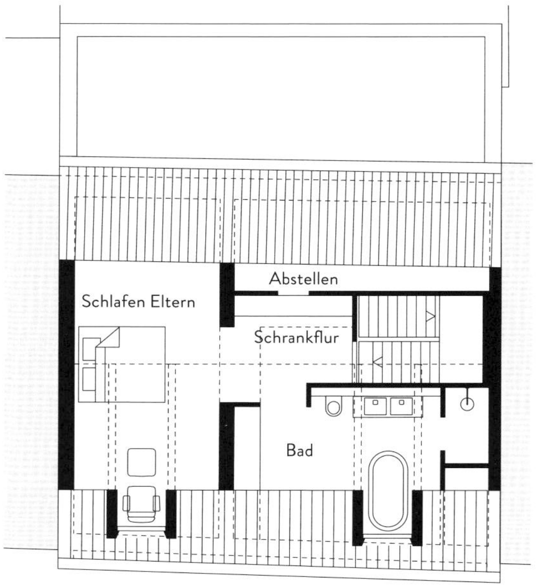

Dachgeschoss

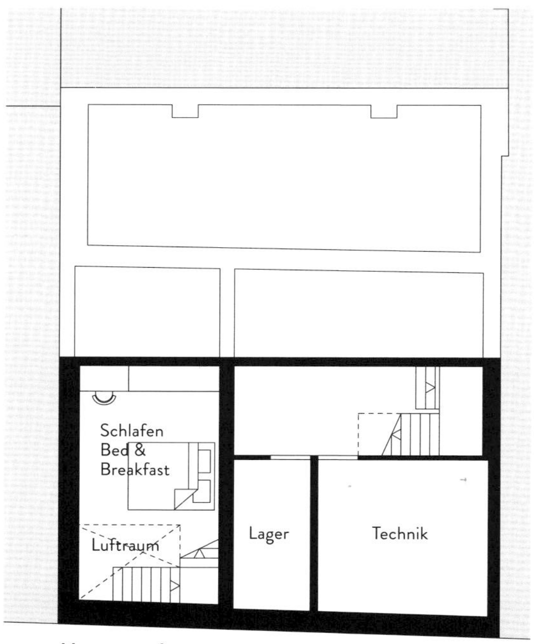

Untergeschoss

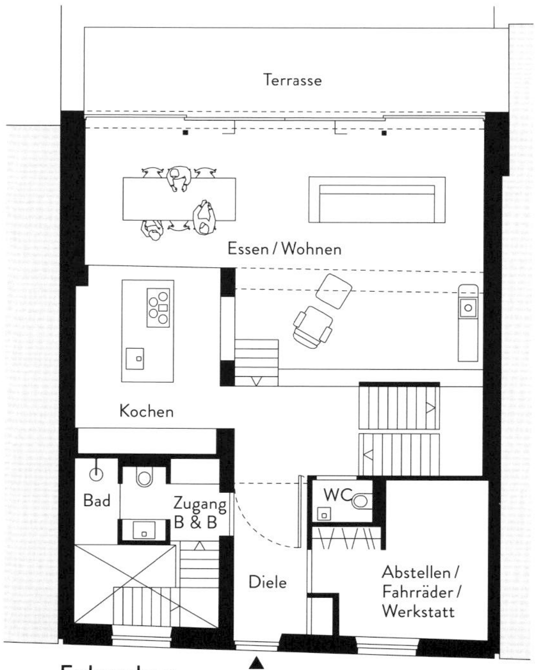

Erdgeschoss

Kurzporträt

- Kernsanierung und Umbau eines historischen Stadthauses
- Baustoff-Recycling: Wiederverwendung und -einbau von Abbruchmaterial, teilweise von anderen Baustellen oder aus Abbruchhäusern in der Umgebung
- Neuorganisation des Grundrisses
- Einliegerappartement als vermietbare Gästewohnung, langfristig flexibel nutzbar
- Gebäude energieautark, dachintegrierte Photovoltaik-Anlage, keine fossilen Brennstoffe

Gebäudedaten

Grundstücksgröße: 214 m²
Wohn- und Nutzfläche: 257 m²
Anzahl der Bewohner: 3 + 1
Bauweise: Mauerwerk
Fassade: Ziegel, gestrichen
Energiekonzept: dachintegrierte Photovoltaikpaneele, Wärmepumpe, Holzofen als Zusatzheizung
Heizwärmebedarf: 43 kWh/m²a
Primärenergiebedarf: 43 kWh/m²a
Baujahr Bestand: ca. 1890
Fertigstellung Umbau: 2019

Lageplan

Raymond Haenen, ZuidArchitecten

» Es sollte ein funktionales, offenes aber doch spannungsvolles Haus werden: Hinter der kaum veränderten Fassade verbirgt sich ein überraschendes, frisches Interieur. «

Auszeichnung

FROHE BOTSCHAFT

K 47 – Kirchenumbau in Berlin

sieglundalbert architekten

Vorherige Doppelseite Küche statt Kirche: Im früheren Gemeindesaal ist eine großzügige Maisonettewohnung entstanden, die sich in einen zweigeschossigen Luftraum öffnet.

Links beide Die ehemalige Kirche ist in die Blockrandbebauung integriert und wurde um eine Etage aufgestockt. Vor- und Rücksprünge gliedern die Fassade auf der Hofseite.

Rechts Der Glockenturm mit Treppenhaus und Aufzug blieb erhalten und erschließt die Wohnetagen. Hinter der doppelgeschossigen Fensterfront lag einst der Kirchensaal.

Viele Jahre lang hatte die evangelische Jesuskirche im Berliner Stadtteil Kreuzberg bereits leer gestanden. Die Fenster des Gemeinderaums im Erdgeschoss waren von Efeu überwuchert, zuletzt wurden bei einem Einbruch in den Kirchensaal sämtliche Orgelpfeifen gestohlen. 2014 wurde das verlassene Gotteshaus schließlich feierlich entwidmet und an eine private Baugemeinschaft verkauft. Mittlerweile ist in die einst stillen Räume wieder reges Leben eingekehrt, nachdem sich der der ehemalige Sakralbau – mit Küsterei, Kirchenraum, Konfirmandensaal, Jugendclub und Pfarrsitz – in ein zeitgemäßes Mehrfamilienhaus verwandelt hat. Insgesamt sieben individuelle Wohnungen sind nach den Umbauplänen von Regine Siegl und Alois Albert hier entstanden.

Besonders wichtig war den neuen Eigentümern und ihren Architekten, das Charakteristische des markanten Stahlbetonbaus, der 1961 von Harald Franke errichtet wurde, zu erhalten und die einstige Kirche als vertrautes Zeichen im Stadtraum zu bewahren: Das mehrgeschossige Gebäude ist in eine Häuserzeile integriert und springt hinter die Gehwegkante zurück, während der mit weißen Mosaikfliesen verkleidete Glockenturm vor die Fassade gestellt ist und die Flucht des innerstädtischen Blocks aufnimmt.

Auch nach dem Umbau zeigt sich diese Straßenansicht nahezu unverändert. Der Kirchturm wurde lediglich renoviert – zwar ziert ihn heute kein Kreuz mehr, doch mit Treppenhaus und Aufzugsschacht übernimmt er nach wie vor eine wichtige Erschließungsfunktion. Um zusätzliche Wohnfläche zu schaffen, wurde das Hauptgebäude, dessen hohe, schmale Fensterfront im Obergeschoss noch den ehemaligen Gottesdienstraum erahnen lässt, um eine Dachetage aufgestockt. Auf der Hofseite im Süden wiederum ersetzt ein zweistöckiger Anbau einen früheren Annex. Da die vorhandene Betonkonstruktion nur begrenzt belastbar war, wählten die Architekten für die neu hinzugekommenen Bauteile möglichst leichte Materialien wie Holz, Stahl und Poroton-Steine.

Obwohl im Laufe der Sanierung auch etliche bauzeittypische Mängel an der Stahlbetonkonstruktion zu Tage traten, legten die Planer großen Wert darauf, die vorhandene Substanz im Wesentlichen zu erhalten und für die neue Nutzung zu ertüchtigen. »Dabei stellte sich heraus – und das fanden wir sehr schön –, dass damals als Zuschlagstoff Ziegelschutt aus dem Zweiten Weltkrieg verwendet worden war«, berichten die beiden. »So gesehen war der Umbau also bereits der zweite Recycling-Durchgang.«

Was die Grundrisse und die Gestaltung des Interieurs betraf, war es ihr erklärtes Planungsziel »aus dem Gebäude einen besonderen Wohnort zu machen, dem man seine Vorgeschichte auch im Innenraum weiterhin anmerkt.« Diese besondere Atmosphäre ist vor allem im früheren Kirchensaal in der ersten Etage zu spüren, der in seiner Großzügigkeit weitgehend erhalten blieb und sich in zwei helle Maisonetten verwandelt hat: mit loftartigen Wohnhallen, neu eingezogenen Galerieebenen und doppelgeschossigen Fenstern, die das Licht üppig hereinfallen lassen.

In Größe und Raumorganisation unterscheiden sich alle sieben Wohneinheiten voneinander und spiegeln damit auch die unterschiedlichen Bedürfnisse und Lebensmodelle ihrer Bewohner wider. Dennoch sind alle Zimmer so zugeschnitten, dass sie sich vielfältig nutzen lassen. Jede Einheit hat zudem einen großen Wohn-, Koch- und Essbereich mit Terrasse oder Balkon – und fast jede verfügt über ein Home-Office. Auch künftige Veränderungen wurden bereits mit eingeplant: Zwei Wohnungen lassen sich später mit relativ geringem Aufwand in kleinere Einheiten unterteilen.

Im Zuge des Umbaus hat auch der Außenraum sichtlich gewonnen. Der ehemalige Kirchenvorplatz wurde begrünt, im Innenhof entstand ein Gemeinschaftsgarten mit Spielplatz und Sitzgruppe. Und für die Glocken aus dem sanierten Turm fand sich sogar ein neuer Platz: Sie erklingen nun in einer Brandenburger Kirche.

Links oben Über einen Galerieflur hält die obere Etage mit den privaten Rückzugsräumen Sichtkontakt zur Wohnebene. Eine deckenhohe Schiebetür teilt den Schlafraum ab.

Links unten Viel Luft nach oben hat der Wohnbereich. Der Parkettbelag setzt sich auf der Treppe zur Galerie fort, die Brüstungen sind aus lackierten Mehrschichtplatten.

Rechts Der ehemalige Sakralraum blieb in seiner Großzügigkeit erhalten. Die hohen Fenster erinnern an die frühere Nutzung und fluten das Gebäudeinnere mit Tageslicht.

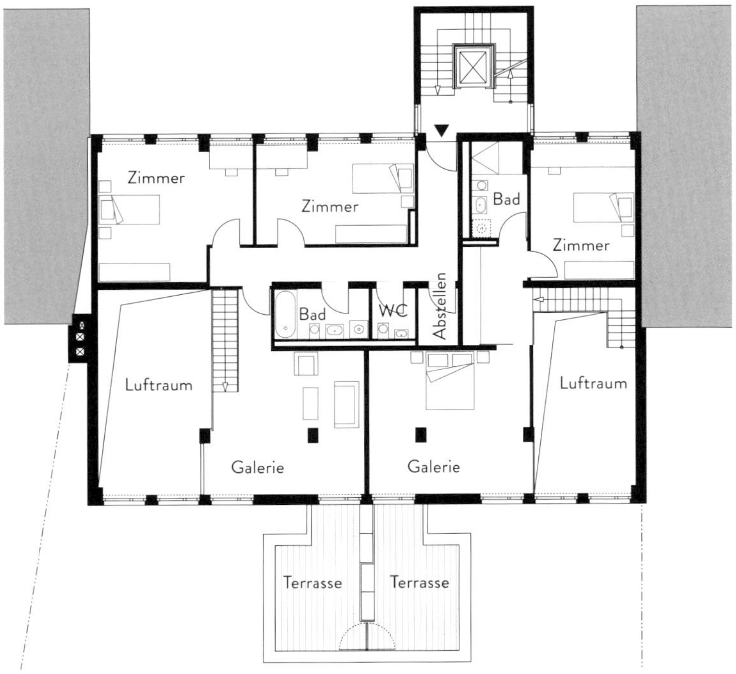

Maisonettewohnungen 2. Obergeschoss

Schnitt

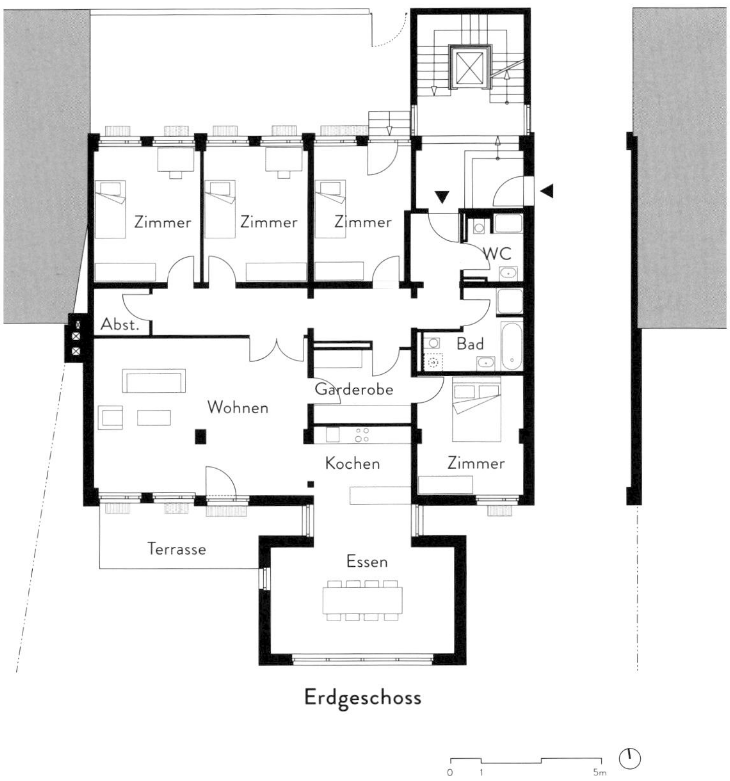

Erdgeschoss

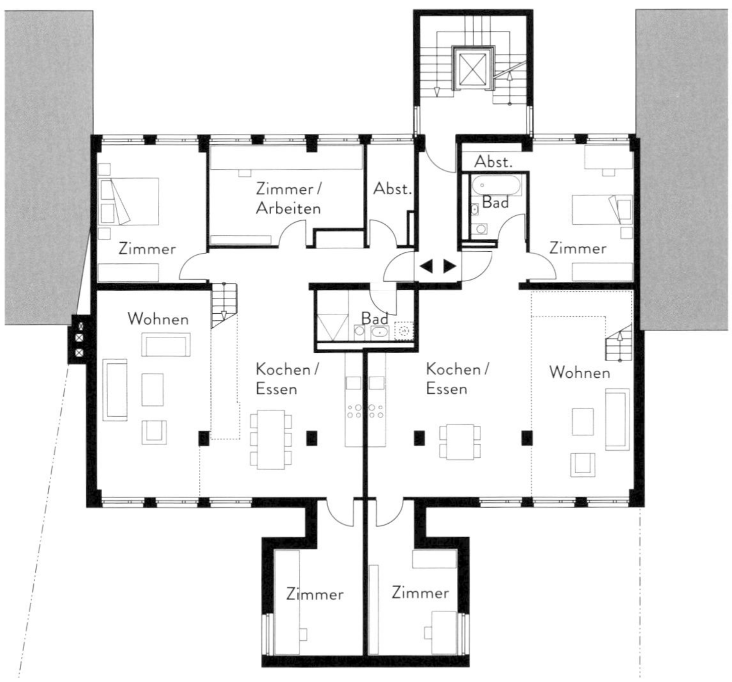

Maisonettewohnungen 1. Obergeschoss

Kurzporträt

- Umnutzung und Umbau eines leer stehenden Kirchengebäudes zu Wohnzwecken
- Gewinn von zusätzlichem Wohnraum durch Dachaufstockung, Anbau auf der Hofseite, Galerieebenen im früheren Kirchensaal
- Weitgehender Erhalt der baulichen Grundsubstanz aus Trümmerbeton aus dem Zweiten Weltkrieg
- Vielfältiges Wohnungsangebot mit nutzungsneutralen Räumen
- Flexible Grundrissstruktur, teilbare Wohnungen
- Energetische Ertüchtigung des Altbaus, Dach- und Fassadendämmung, Einbau neuer Fenster

Gebäudedaten

Grundstücksgröße: 1.000 m^2
Wohnfläche: 1.068 m^2
Zusätzliche Nutzfläche: 250 m^2
Anzahl der Bewohner: 23
Bauweise: Mischbau, Stahlbetonkonstruktion (Bestand), Mauerwerk (Anbau Hofseite), Stahlbinder / Holzrahmenwände (Dachaufstockung, Risalit)
Fassade: Putz mit WDVS, Faserzementplatten-Verkleidung
Energiekonzept: Bestandsheizung (Gasbrennwerttherme), passive Lüftung
Heizwärmebedarf: 53,1 kWh/m^2a
Baujahr Bestand: ca. 1961
Fertigstellung Umbau: 2020

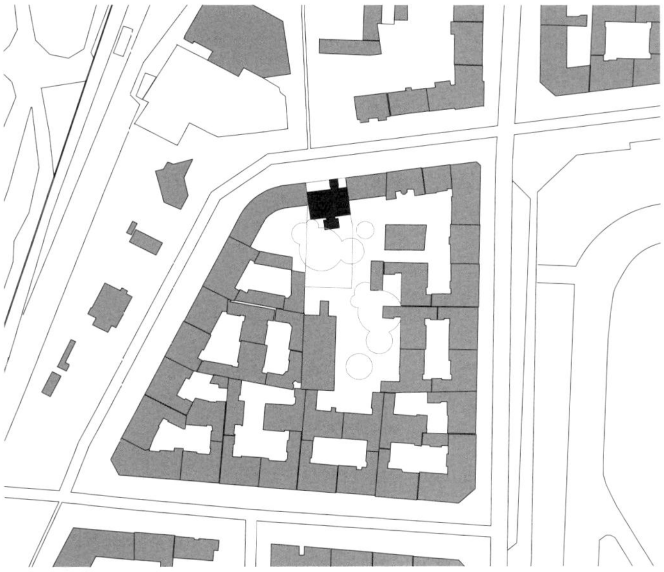

Lageplan

Regine Siegl und Alois Albert

» Ein wichtiges Entwurfsziel war es, die Kirche als vertrautes Zeichen im Stadtraum zu bewahren. «

Auszeichnung

UNTER DACH UND FACH

Haus am Achterwasser in Lütow / Usedom

quartier vier – Herberg | Siebeck | Wortelkamp

Vorherige Doppelseite Das Ensemble mit Wohngebäude und Bootsschuppen ist in das Wiesengrundstück eingebettet und fügt sich unaufdringlich in die Naturkulisse ein.

Rechts oben Die Holzschalung aus sägerauer, unbehandelter Lärche überzieht Dach und Fassaden. Weiße Giebelbretter akzentuieren die klaren Konturen der beiden Baukörper.

Links Das Grundstück liegt in Hafennähe an einer Wendeschleife. In ihrer archaisch einfachen Formensprache orientieren sich die Neubauten an den alten Häusern im Dorf.

Rechts unten Glasschiebetüren öffnen den Wohnbereich an der Westseite auf eine vorgelagerte Holzplattform, die im Sommer zu einem zusätzlichen Zimmer im Freien wird.

Die kleine Gemeinde Lütow liegt im Nordwesten von Usedom auf der Halbinsel Gnitz, einer Landzunge am Achterwasser, das ein beliebtes Surf- und Segelrevier ist. Der historische Ort bestand früher nur aus einer Handvoll verstreuter Bauernhäuser und Fischerkaten, mittlerweile hat sich Lütow zu einem Straßendorf mit lockerer Bebauung entwickelt, das mit einer Wendeschleife vor einem winzigen, rechteckigen Hafen endet, in dem kleine Segel- und Motorboote anlegen können.

Auf einer freien Wiese unweit der Anlegestelle entstand das Gebäudeensemble, das die Architekten vom Büro quartier vier konzipierten: zwei schlichte, archetypisch einfache Baukörper – ein größeres Wohnhaus und ein kleinerer Bootsschuppen – die sich in angemessenem Abstand gegenüber stehen. In Maßstäblichkeit und Materialwahl fügen sich die beiden eingeschossigen Satteldachbauten mit ihren sägerauen Holzfassaden zurückhaltend in den dörflichen Kontext ein und übernehmen zugleich raumbildende Funktionen. »Das Wohngebäude nimmt die Flucht des Haupthauses des benachbarten Dreiseithofes auf, dadurch wird der Ort am Ende der Straße akzentuiert. Es entsteht eine neue räumliche Qualität am Hafen, der zuvor wie eine Sackgasse wirkte«, erläutern die Planer. Im Übrigen blieb das Grundstück als naturnahe Wiese mit Obstbäumen und Wildhecken erhalten: Weder Kies- noch künstlich angelegte Rasenflächen, versiegelte Einfahrten oder gar Parkplätze stören hier das Bild.

Genutzt wird das Haus als Wochenend- und Feriendomizil, als Rückzugsort und Ruhepol, der für seine Besitzer, so die Architekten, in »Zugnähe statt Flugzeugferne« liegt und eine umweltfreundliche Anreise ermöglicht. Dementsprechend einfach und funktional ist der Grundriss gegliedert, der auf rund 100 Quadratmetern ausreichend Platz für vier Personen bietet. Ein großzügiger, zusammenhängender Wohn-, Koch- und Essbereich, der sich bis unter den Dachfirst erstreckt, bildet das Herzstück des Hauses und dient als gemeinsamer Aufenthaltsraum. Im Südwesten öffnet er sich mit einer Glasschiebetür auf ein vorgelagertes Terrassendeck, das bei schönem Wetter zu einem Freiluftzimmer mitten in der Natur wird. An kühlen Tagen sorgt drinnen ein Holzofen für angenehme Strahlungswärme und gemütliche Lagerfeueratmosphäre.

Die Installationen sind platzsparend zusammengefasst: Ein kompakter Kern in Gebäudemitte nimmt das Bad auf, an dessen Rückwand die offene Küchenzeile eingebaut ist. Auch die Garderobenschränke und Stauräume sind in den zentralen Kubus integriert, was zusätzliche Aufbewahrungsmöbel überflüssig macht. Auf der Nordseite schließen sich zwei separate Schlafräume an. Eine schmale steile Holztreppe führt auf eine darüberliegende Empore, die als Arbeitsgalerie und Fernsehzimmer genutzt wird.

Aspekte der Nachhaltigkeit und Energieeffizienz spielten auch bei der Wahl der Konstruktionsmethode eine wichtige Rolle: Das Wohnhaus ist ein Brettstapelbau, dessen vorgefertigte Massivholzelemente in wenigen Tagen montiert waren und außenseitig mit Holzwolle gedämmt wurden. »Der diffusionsoffene Wandaufbau kommt ganz ohne energieintensiv hergestellte Dampfsperren aus«, erklären die Architekten. Auch im Innern prägen die Brettstapelelemente mit ihren sichtbar belassenen, astigen Oberflächen den Raumeindruck.

Nach außen hin präsentiert sich das Haus mit einer hinterlüfteten Holzschalung aus sägerauer, unbehandelter Lärche, die sowohl das Dach als auch die Fassaden überzieht. Das Holz beginnt allmählich zu vergrauen und bindet den Neubau immer mehr in sein natürliches Umfeld ein.

Beheizt wird das kleine Wohnhaus über den zentralen Kaminofen, das Brennholz stammt zu großen Teilen vom eigenen Grundstück. Eine strombetriebene Konvektionsheizung deckt die Spitzenlasten ab, während die großen Fenster auf der Südseite für zusätzliche solare Wärmegewinne sorgen.

Links oben beide Die Galerie unterm Dach dient als ruhige Rückzugszone. Im Flur zwischen Wohnbereich und Schlaftrakt sorgen wandintegrierte Einbauten für Stauraum.

Links Mitte Die Installationen sind in einem zentralen Kern in Gebäudemitte zusammengefasst. Im Raum hinter der Küchenzeile liegt das Bad.

Links unten Schöne Aussichten in die freie Landschaft bieten sich vom Essplatz aus. Die durchlaufende Glasfront an der Westseite holt das Licht und die Abendsonne herein.

Rechts Der Wohnbereich öffnet sich bis unter den First, was zum großzügigen Raumeindruck beiträgt. Ein Kaminofen sorgt an kühlen Tagen für angenehme Strahlungswärme.

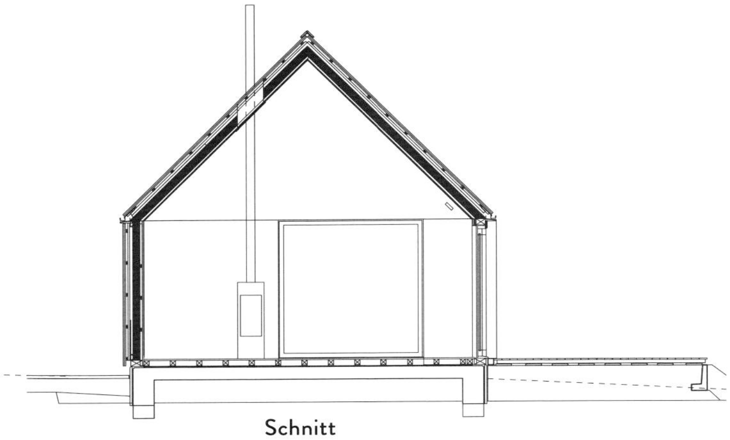

Schnitt

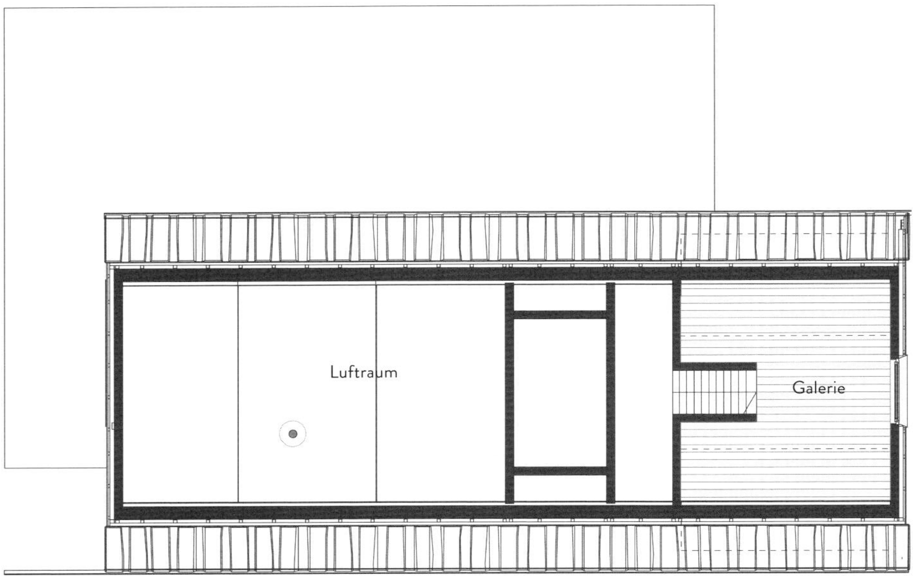

Obergeschoss

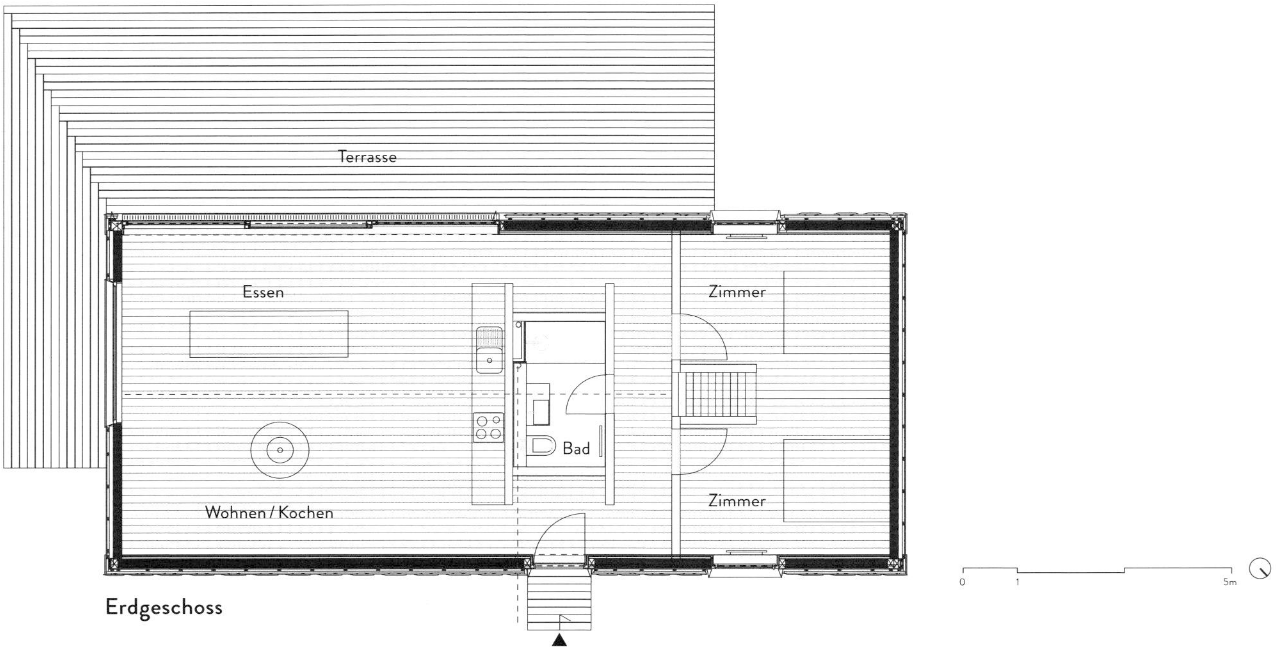

Erdgeschoss

Kurzporträt

- Hausensemble in Formensprache, Maßstab und Materialwahl in dörflichen Kontext eingefügt
- Flächensparende Bauweise mit kleinem, kompaktem Baukörper
- Straff organisierter Grundriss mit minimalen Verkehrsflächen
- Holz als natürlicher, nachwachsender Baustoff für Konstruktion, Fassade und Innenausbau
- Hochwärmegedämmte Außenhülle mit diffusionsoffenem Wandaufbau
- Keine Versiegelung im Außenraum, Wiesengrundstück als Retentionsfläche für Regenwasser sowie als natürlicher Lebensraum erhalten

Gebäudedaten

Grundstücksgröße: 5.367 m²
Wohnfläche: 100 m²
Zusätzliche Nutzfläche: 22 m²
Anzahl der Bewohner: 4
Bauweise: Brettstapelbau mit Holzwolledämmung
Fassade: Boden-Deckel-Schalung aus sägerauer, unbehandelter Lärche
Energiekonzept: Kaminofen, elektrische Konvektionsheizung zur Abdeckung der Spitzenlasten, passive solare Wärmegewinne über verglaste Südfassade
Fertigstellung: 2019

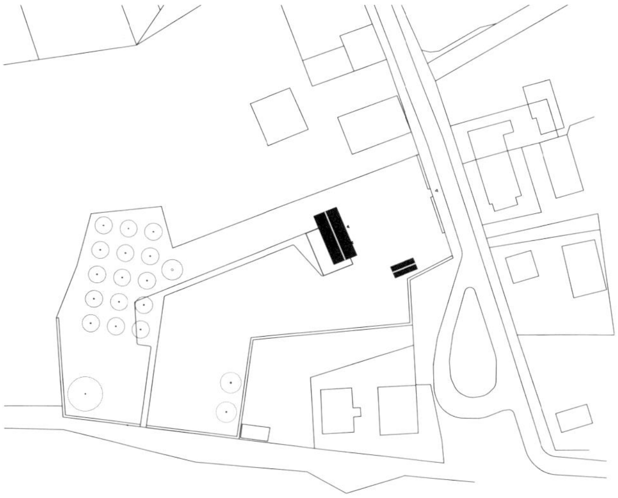

Lageplan

Kim Wortelkamp, quartier vier

» Wohnhaus und Bootsschuppen fügen sich sowohl durch die Kubatur als auch durch die Materialität in ihren dörflichen Umraum. «

30
32

Auszeichnung

LICHTBLICK IN WEISS

Casa Farace in Favara / Sizilien (Italien)

Lillo Giglia Architect

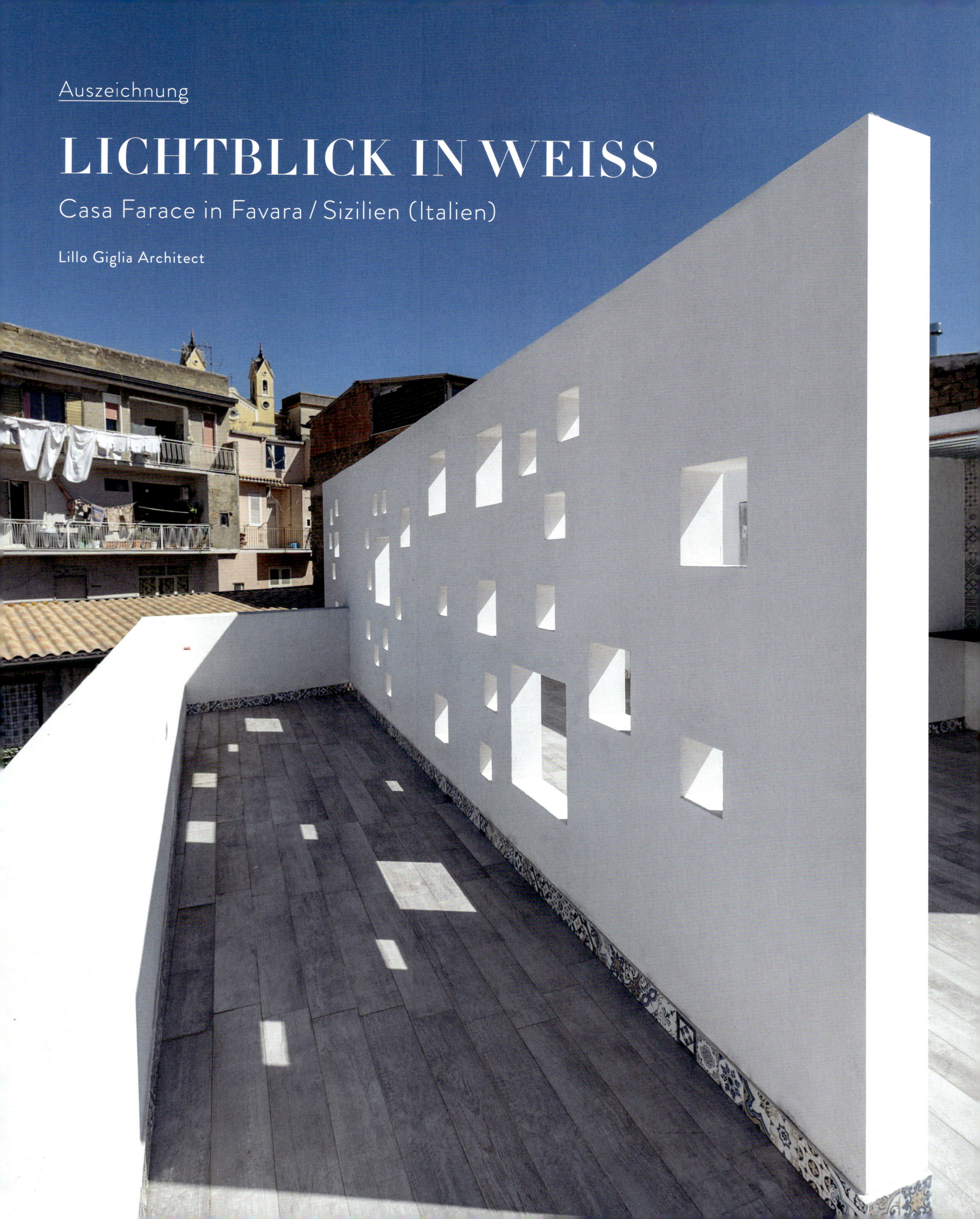

Vorherige Doppelseite Ganz in Weiß präsentiert sich das Haus nach seinem Umbau. Mit der Aufstockung kam nicht nur mehr Wohnfläche, sondern auch eine Dachterrasse hinzu.

Links beide Kaum wiederzuerkennen ist das einst abbruchreife kleine Stadthaus. Anstelle seiner baufälligen Balkone ragt heute ein markanter Erker in den Straßenraum.

Rechts beide Wunderbar verwandelt zeigt sich der Bau auch zur Hofseite hin. Eine Loggia, die sich aus der Fassadenebene herausschiebt, dient als schattiger Freisitz.

Wenige Kilometer von der Mittelmeerküste entfernt, in der sizilianischen Provinz Agrigent, liegt Favara. Der heutige Ort entstand auf einer Anhöhe um ein Kastell, das Ende des 13. Jahrhunderts von der Adelsfamilie Chiaramonte erbaut wurde. Ab dieser Zeit entwickelte sich die kleine Ansiedlung von einem Bauerndorf zu einer richtigen Stadt. Den Blick auf die markante mittelalterliche Burganlage kann man auch von der Dachterrasse des Hauses genießen, das der ortsansässige Architekt Lillo Giglia umgebaut und erweitert hat.

Das Wohngebäude steht auf einem handtuchschmalen Grundstück in einer Seitenstraße am Rande historischen Zentrums, eingezwängt zwischen die mehrgeschossige Nachbarbebauung. Dicht an dicht reihen sich hier alte, mitunter stark heruntergekommene oder bereits leer stehende Häuser entlang des Gehwegs aneinander: Bröckelnde Fassaden und eingefallene Dächer gehören in diesem Viertel zum vertrauten Bild.

Von dem ruinösen städtebaulichen Kontext ließen sich die Bauherren jedoch nicht abschrecken, als sie beschlossen, einen dieser scheinbar hoffnungslosen Sanierungsfälle zu erwerben. »Sie waren fasziniert von der Idee, das historische Zentrum wiederzubeleben«, erläutert Giglia, der sich als Architekt auch selbst sehr aktiv für die Stadterneuerung von Favara einsetzt. So gesehen ist das Projekt mehr als nur der Umbau eines alten Hauses, sondern könnte auch eine Art Initialzündung für weitere Sanierungsmaßnahmen im Quartier sein.

Das kleine, unscheinbare und verfallene Haus, das früher hier stand, ist nach seiner aufwändigen Rundumerneuerung kaum noch wiederzuerkennen: Um das Gebäude dem Flächenbedarf und den Wohnvorstellungen seiner neuen Bewohner, einer vierköpfigen Familie, anzupassen, wurde es um eine Etage aufgestockt und vermittelt nun zwischen den verschieden hohen Nachbarhäusern rechts und links. Zur Straße hin präsentiert es sich als kantig-klarer Bau mit makellos weißer Putzfassade, die inmitten ihres heterogenen Umfelds eine besondere Strahlkraft entwickelt. Anstelle der alten Balkone schiebt sich ein zweigeschossiger Wandvorsprung aus der Fassadenebene heraus, der von zahlreichen verschieden großen, quadratischen Maueröffnungen durchbrochen wird, die wie Guckkästen gezielte Ausblicke in die Umgebung freigeben. Im Übrigen blieb die kleinformatige Fensteraufteilung auf der Straßenseite weitgehend erhalten, ebenso wie die Lage von Garagenzufahrt und Hauseingang im Erdgeschoss.

Im Innern hingegen hat sich alles verändert. Mit gezielten Eingriffen in den verschachtelten Grundriss hat sich der einst düstere, marode Altbau in ein lichtdurchflutetes, zeitgemäßes Wohnhaus verwandelt. Von der Eingangsebene auf Straßenniveau führt eine schmale einläufige Natursteintreppe in die obere Etage, in der die Schlaf- und Kinderzimmer untergebracht sind, während der gemeinsame Aufenthaltsraum eine Ebene höher, im zweiten Obergeschoss liegt. Ein zusammenhängender Wohn-, Koch- und Essbereich erstreckt sich über die gesamte Gebäudetiefe und wird über deckenhohe Glasschiebetüren an beiden Stirnseiten belichtet – und auch natürlich durchlüftet. Auf der Westseite erweitert sich der Raum fließend auf eine vorgelagerte Loggia, die den Blick auf die Stadt und das mittelalterliche Kastell freigibt. Eine schmale Außentreppe wendelt sich weiter zur Dachterrasse, die als großzügiges Freiluft-Wohnzimmer, Aussichtsposten und Sonnendeck zugleich dient.

Auch sonst ist das Haus ganz auf der Höhe der Zeit und erzeugt seine Energie selbst: Sonnenkollektoren und Photovoltaikelemente auf dem Dach sorgen für Wärme und Strom. Das Regenwasser wird gesammelt und wiederverwendet – demnächst auch für die Bewässerung der Dachbepflanzung, die hier noch geplant ist. Als schattiger Freisitz und Gartenersatz dient den Bewohnern zudem ein kleiner Tiefhof auf der Gebäuderückseite, der natürliches Licht ins Untergeschoss holt.

Unten Die neue Dachterrasse fungiert als Gartenersatz, Sonnendeck und erhabener Aussichtsposten zugleich – und bietet einen grandiosen Rundblick über die Altstadt.

Ganz unten links Schöner Auftritt: Eine Stahltreppe führt von der Eingangsebene ins Untergeschoss, über das man zu einem kleinen Tiefhof auf der Gartenseite gelangt.

Ganz unten rechts Stufen-Thema mit Variationen: Neben dem neuen Wohnbereich im zweiten Obergeschoss wendelt sich eine schmale Außentreppe hinauf zur Dachterrasse.

Rechts Raumgewinn auf ganzer Länge: Zentrum des Familienlebens ist der offene Koch, Ess- und Wohnbereich, der sich im aufgestockten Gebäudeteil über die gesamte Haustiefe erstreckt.

Unten Oberflächen aus Holz und Naturstein prägen den Raumeindruck. Im farblich dezenten Interieur sorgen die Küchenfronten aus Walnuss für einen kräftigen Kontrast.

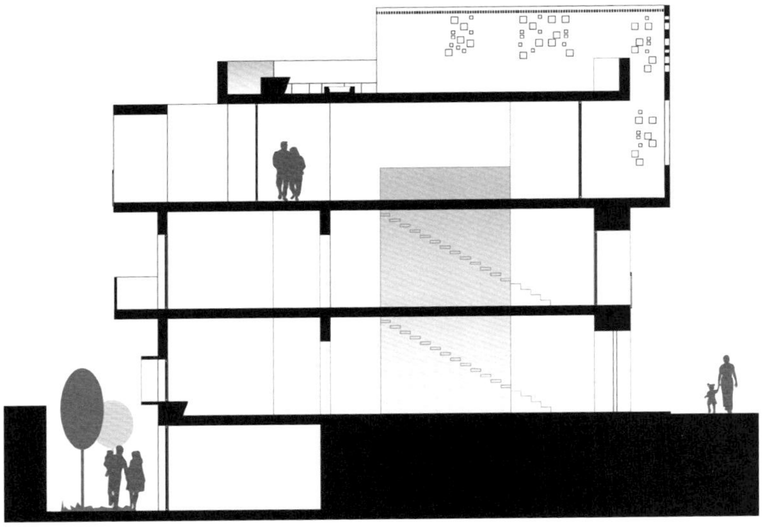

Schnitt

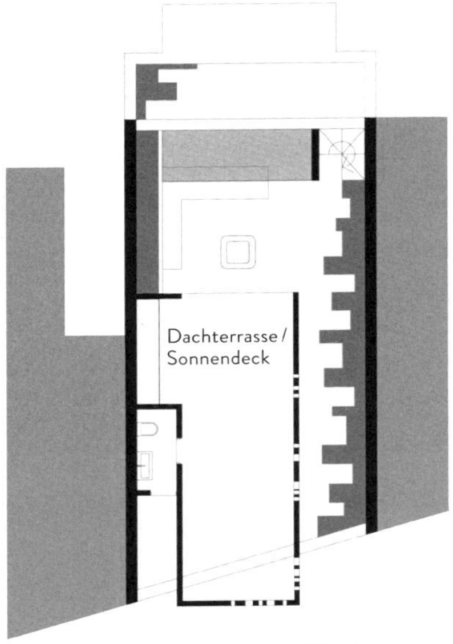

Dachterrasse

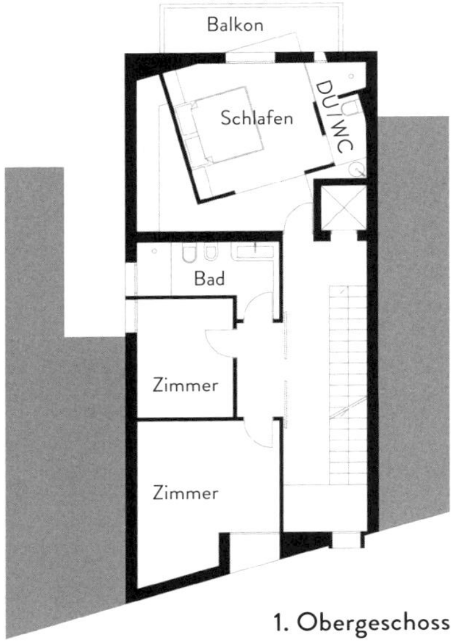

1. Obergeschoss

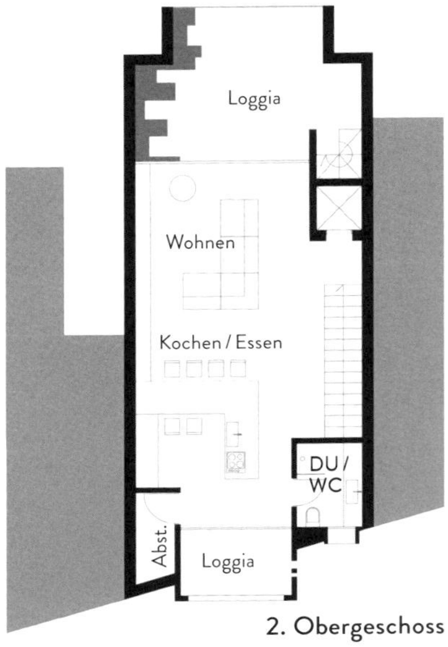

2. Obergeschoss

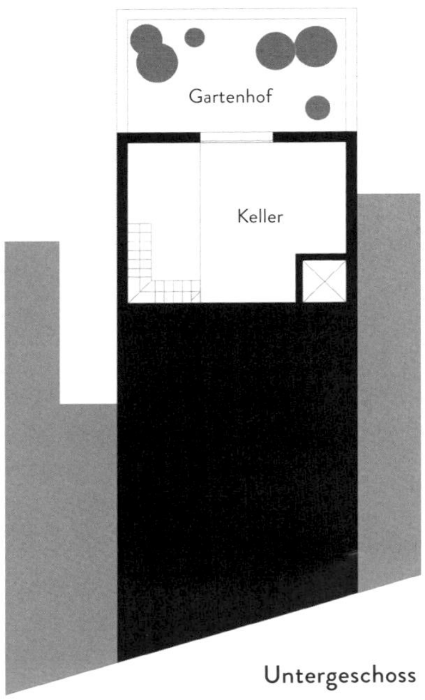

Untergeschoss

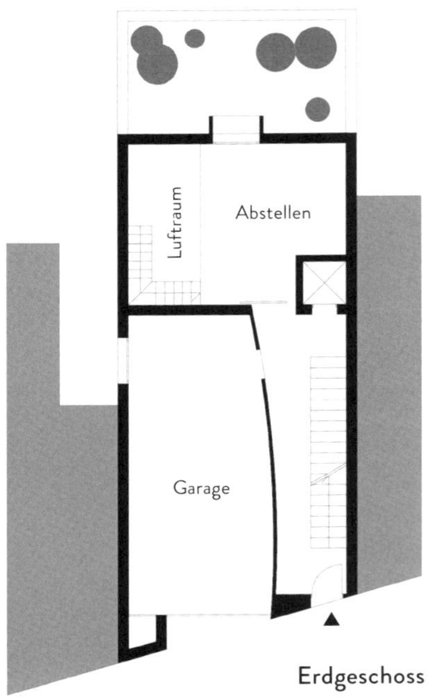

Erdgeschoss

Kurzporträt

» Renovierung und Umbau eines baufälligen Stadthauses in unmittelbarer Nähe des historischen Zentrums

» Beitrag zur Wiederbelebung eines stark sanierungsbedürftigen, vernachlässigten Stadtviertels

» Erweiterung der Wohnfläche durch Aufstockung

» Entkernung und Neuorganisation des Grundrisses

» Dachterrasse und Tiefhof als Gartenersatz sowie zusätzlicher Wohnraum im Freien

» Energieversorgung aus regenerativen Quellen

Gebäudedaten

Grundstücksgröße: 100 m²
Wohn- und Nutzfläche: 240 m²
Anzahl der Bewohner: 4
Bauweise: Massivbau (Mauerwerk / Stahlbeton)
Fassade: Mineralputz
Energiekonzept: Solarkollektoren für Heizung / Warmwasser, Photovoltaik, Zisterne
Baujahr Bestand: ca. 1950
Fertigstellung Umbau: 2020

Lageplan

Lillo Giglia

» »Über kleine Öffnungen und große Ausblicke tritt das Haus in einen Dialog mit der Stadtlandschaft.« «

Auszeichnung

GANZ SCHÖN AUSGEFUCHST

Hausfuchs – Doppelhaus in Baldham bei München

IFUB*

Vorherige Doppelseite Die schräg verlaufenden Schalungsbretter aus Lärchenholz und die hellen Blechdächer verleihen dem Doppelhausensemble eine besondere Note.

Links Die beiden Häuser variieren nicht nur in Größe und Raumaufteilung: Sie unterscheiden sich auch in Dachneigung, Fensterformaten sowie den Farben ihrer Stoffmarkisen.

Rechts Farbenfroh gestaltet ist der Eingangsbereich in der östlichen Haushälfte: Der Fliesenboden mit seinem prägnanten Muster sorgt für einen Blickfang in der Diele.

Ein Grundstück, zwei Häuser, vier Dächer – so lautete das Motto des Architektenteams IFUB* bei diesem Projekt in Baldham, einem Vorort im Münchner Osten. Auf der Eckparzelle hatte zuvor ein schlichtes Wohnhaus aus den 1950er-Jahren gestanden, das aus dem Familienbesitz der Bauherren stammte, jedoch nicht mehr erhaltenswert war und abgerissen wurde. Anschließend wurde das Grundstück in zwei Teile geteilt und mit einem Doppelhaus bebaut. Die östliche Hälfte haben die früheren Eigentümer für sich behalten, die westliche wurde verkauft.

Mit seinen Satteldächern knüpft das kleine Ensemble an die umgebende Bebauung an, doch anders als die Nachbarhäuser, die hier üblicherweise mit der Traufe parallel zur Straße stehen, präsentiert es sich mit seinen Giebelseiten zum Gehweg. »Durch diese Querstellung wird eine klarere Adressbildung und eine optisch spannungsreichere Komposition erreicht«, erläutern die Architekten ihr Konzept. Zum ungewohnten Erscheinungsbild trägt außerdem bei, dass die beiden Häuser mit ihren seitlich angebauten Garagen sowohl in der Höhe als auch der Tiefe gestaffelt sind, sodass die vier Gebäudetrakte wie eine kleine Berg-und-Tal-Landschaft erscheinen, die zur Kreuzung hin langsam ansteigt. Darüber hinaus variieren die Dächer jeweils in ihrer Neigung, was die schräg montierte Holzschalung an den Stirnseiten wieder aufgreift. Sogar die unvermeidlichen Regenrinnen und Fallrohre haben die Architekten hier zum Gestaltungselement erhoben: Sie zeichnen sich als grauweiße Linien an den Fassaden ab und fassen das Hausensemble samt Aluminiumblechdach und -sockel in einen feingliedrigen, hellen Rahmen.

In seinem Innern bietet der Neubau ausreichend Platz für zwei vierköpfige Familien. Die Häuser variieren zwar leicht in Größe, Raumorganisation und Ausstattung, sind jedoch ähnlich und sehr kompakt aufgebaut. In beiden Gebäuden ist die zentrale Treppe der Dreh- und Angelpunkt des Grundrisses. Im Haus Ost, das von der Bauherrenfamilie bewohnt wird, ist sie jedoch weit mehr als nur ein Verbindungselement zwischen den Wohnebenen und fungiert zugleich als Multifunktionsmöbel: In ein schlichtes, weiß lackiertes Stahlgestell sind nicht nur die Treppenstufen eingehängt, sondern auch Regalfächer, Schubladen und Schränke eingebaut. Im Erdgeschoss zieht sich diese platzsparende Konstruktion sogar bis in den Eingangsbereich und die Küche weiter und integriert hier geliebte Bestandsmöbel der Bauherren – etwa einen alten holländischen Brotschrank. Weiße Decken und Wände sowie helles Birkenholz, das sowohl für den Bodenbelag als auch für die Einbauten zum Einsatz kam, dominieren den Raumeindruck. Durchgehende Sichtachsen und große Glasfronten lassen das Interieur auch auf überschaubarer Grundfläche licht und weit wirken.

Das westliche Haus hat eine Wohnetage mehr: Hier endet die Treppe, die mit einem zickzackförmigen, schwarz lackierten Stahlgeländer an die 1950er-Jahre erinnert, einen Stock höher im hellen Dachgeschoss. Fischgrät-Eichenparkett und Sichtholzdecken in Fichte sorgen in dieser Hälfte für ein völlig anderes Wohnambiente.

Bei der Wahl des Konstruktionsmaterials setzten die Planer ganz auf Holz als nachhaltigen Baustoff. Der hochwärmegedämmte Holzständerbau hat nicht nur einen erfreulich niedrigen Energiebedarf, sondern ermöglicht es dank seiner geringen Konstruktionsfläche und dünnen Wandaufbauten auch, den zur Verfügung stehenden Platz optimal zu nutzen.

Bei aller räumlichen Nähe bietet das Haus seinen beiden Parteien dennoch viel Privatsphäre. So etwa auch bei den Zugängen, die versetzt an verschiedenen Gebäudeseiten liegen, oder auf den Freisitzen im Süden, die durch die Garagen vor störenden Einblicken geschützt sind. Am Garagentor des östlichen Hauses prangt ein geschmiedeter Fuchs: Das kleine Emblem, dem das Gebäudeensemble auch seinen Namen »Hausfuchs« verdankt, schmückte bereits den Vorgängerbau. Die Zeichnung hierfür stammte von der Großmutter der Bauherren – und wurde anschließend vom Großvater in metallischer Form auf der Fassade des alten Hauses verewigt.

Links oben Bunt gekachelt ist auch die Küche. Die Möbel sind aus hellem Birkenholz, die gefrästen runden Grifflöcher sind passend zu den Fliesen farblich hinterlegt.

Links unten Raumteiler und Stauraum zugleich: In das weiß lackierte Stahlgestell neben der Diele sind Schränke, Regalfächer, Bestandsmöbel und auch die Treppe integriert.

Rechts oben Das große Fenster auf der Südseite lässt das Licht und die Sonnenstrahlen in den Wohnbereich hereinfallen – und rahmt den Ausblick auf die Eiche im Garten.

Rechts unten Das multifunktionale Treppenmöbel ist praktisch und platzsparend. Die deckenhohe Schiebetür öffnet sich auf einen geschützten Freisitz hinter der Garage.

Links oben Lichtdurchflutet ist auch das Kinderzimmer im westlichen Haus. Das Sitzfenster ist Rückzugsort und Aussichtsplatz zugleich, auf dem Boden liegen Eichendielen.

Links unten Sichtholzdecken in Fichte und Fischgrät-Eichenparkett prägen den Raumeindruck im offenen Erdgeschoss, das durch die zentrale Treppe optisch unterteilt wird.

Oben Maßgefertigte Einbauten sorgen in der Küche für ein wohnliches Ambiente. Das quadratische Fenster über der Spüle hält Sichtkontakt zum Eingangsbereich.

Schnitt

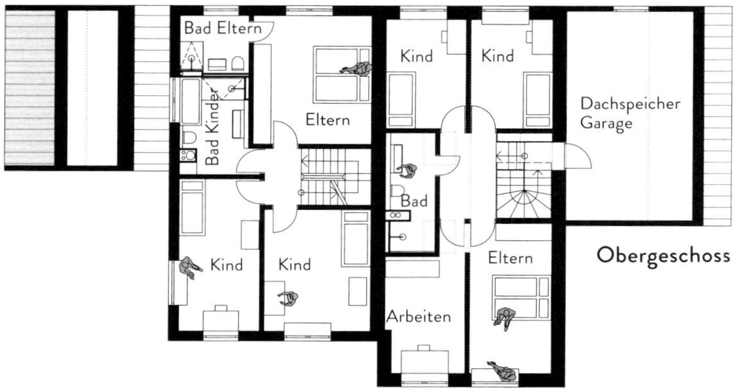

Obergeschoss

Dachgeschoss

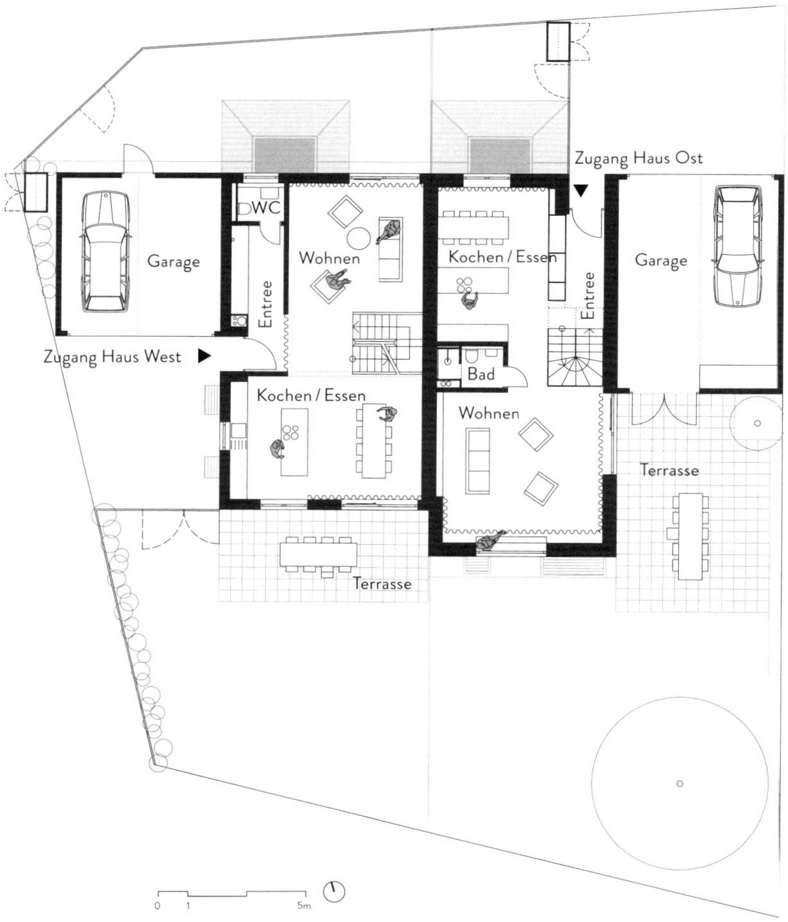

Erdgeschoss

Kurzporträt

- Nachverdichtung durch flächensparende Bebauung mit einem Doppelhaus
- Kompakt organisierte Grundrisse
- Effiziente Raumnutzung durch geringe Konstruktionsfläche
- Platzsparende Treppe als multifunktionales Einbaumöbel
- Privatsphäre auch im Außenraum durch Staffelung der Baukörper auf der Gartenseite
- Holz als Konstruktionsmaterial auch für Innenwände und Vorsatzschalen, keine Folien im Wandaufbau
- Sehr geringer Energiebedarf dank hochwärmegedämmter Außenhülle

Gebäudedaten

Grundstücksgröße: 360 m² (Haus Ost), 310 m² (Haus West)
Wohnfläche: 173 m² (Haus Ost), 205 m² (Haus West)
Zusätzliche Nutzfläche: 55 m² (Haus Ost), 23 m² (Haus West)
Anzahl der Bewohner: 8 (4 + 4)
Bauweise: Holzständerbau mit Zelluloseeinblasdämmung, zusätzliche Holzfaserdämmung innen und außen; Keller massiv
Fassade: unbehandelte Rhombus-Lärchenholzbretter
Baukosten gesamt: ca. 950.000 Euro
Energiekonzept: Luft-Wasser-Wärmepumpe, zentrale Wohnraumlüftung mit Wärmerückgewinnung, Fußbodenheizung, Vorrüstungen für Photovoltaik
Heizwärmebedarf: 28,5 kWh/m²/a bzw. 33,3 kWh/m²/a
Primärenergiebedarf: 24,1 kWh/m²/a bzw. 26,4 kWh/m²/a
Fertigstellung: 2018

Lageplan

Johannes Krohne und Bernhard Kurz, IFUB*

» Wichtig war uns hier, das Gebäude gut im Ort zu verankern und doch etwas Besonderes zu schaffen. «

AUF KLEINSTEM FUSS

Mikrohofhaus in Ludwigsburg

Atelier Kaiser Shen

Über die Frage, wie viel Raum der Mensch zum Wohnen wirklich braucht, lässt sich streiten – zumal individuelle Bedürfnisse eine ebenso große Rolle spielen wie regionale, kulturelle oder klimatische Unterschiede. Fest steht, dass die durchschnittliche Wohnfläche in Deutschland inzwischen auf 47 Quadratmeter pro Kopf angestiegen ist. Angesichts schwindender Baulandreserven und endlicher Ressourcen ist absehbar, dass sich unser Verhältnis zum Raum ändern muss.

Für Architekten ist Planen auf begrenztem Platz immer wieder eine reizvolle Aufgabe, wie ein Blick in die Geschichte zeigt. Eines der extremsten Beispiele ist »Le Cabanon«, eine einfache Blockhütte an der Côte d´Azur, die sich Le Corbusier 1952 auf einem Felsen über dem Mittelmeer baute. In den Sommerurlauben erprobte der Großmeister hier in selbstgewählter Askese das Leben auf engstem Raum: 3,66 Meter im Quadrat und kompakt wie eine Schiffskabine war sein Feriendomizil, das er mit platzsparenden Einbaumöbeln ausgestattet hatte.

In die Tradition experimenteller Kleinsthäuser reiht sich auch das Mikrohofhaus in Ludwigsburg ein, das Florian Kaiser und Guobin Shen entworfen haben – und dessen Standort kaum unwirtlicher sein könnte: Es befindet sich an einer viel befahrenen Straßenkreuzung auf einer Verkehrsinsel und wird statt vom Meeresrauschen vom tosenden Autolärm umspült. Dass ausgerechnet hier ein Haus entstand, geht auf eine Initiative der Stadt zurück, die 2017 anlässlich ihres 300-jährigen Jubiläums mit dem Ludwigsburg Museum den Wettbewerb »Raumpioniere« ausgelobt hatte. Die Teilnehmer waren aufgefordert, visionäre Ideen für das Wohnen auf kleinstem Raum zu entwickeln, um neue Möglichkeiten der Nachverdichtung auf schwierigen Arealen oder ungenutzten Restflächen zu testen.

Als Sieger ging das Atelier Kaiser Shen mit seinem introvertierten Wohnkonzept hervor. Dabei griffen die Planer auf die Typologie des traditionellen chinesischen Hofhauses zurück und reagierten geschickt auf die schwierigen Rahmenbedingungen des belebten Standorts. Sie konzipierten einen extrem kompakten Baukörper, der auf nur 7,3 Quadratmeter Fläche alle wichtigen Wohnfunktionen unter einem Dach vereint. Wie ein Schneckenhaus wird er von allseitig umlaufenden, 3 Meter hohen Holzpaneelen umschlossen, die mit schwarzem Wellblech verkleidet sind. Sie dienen als Sicht- und Schallschutz und sorgen für die nötige Privatheit im Innern.

Man betritt das Haus über einen schmalen Durchlass an der Nordseite. Der anschließende Atriumhof dient als Entree, Garten und Freiluftzimmer zugleich – und vergrößert die Wohnfläche bei schönem Wetter um 30 Quadratmeter. Das Mikrohaus selbst ist höchst effizient organisiert und erinnert in seiner Multifunktionalität an Wohnmobile. Entlang der nördlichen Außenwand sind auf einer Tiefe von 85 Zentimetern alle wichtigen Einrichtungen kompakt zusammengefasst: Unter einer alkovenartigen Sitznische verbirgt sich ein ausziehbares Bett, hinter einer Schiebetür liegt ein Mini-Duschbad, neben der Kochnische lässt sich ein wandintegrierter Tisch ausklappen, darüber sind Staufächer eingebaut. Im Gegensatz zur dunklen Außenhülle dominieren im Innern helle Töne: Der Wohnbereich ist vom Boden bis zur Decke mit Fichte-Dreischichtplatten ausgekleidet.

Auf der Südseite ist die Fassade komplett verglast, was den winzigen Innenraum optisch größer wirken lässt und für fließende Übergänge ins Freie sorgt. Minimalistisch gestaltet ist auch der Garten, der von einer Felsenbirne beschirmt wird und mit Kiesweg, Rasenfläche und Brunnen fernöstlich anmutet. Das sanfte Plätschern des Wassers sorgt für eine angenehme Geräuschkulisse und lenkt vom Straßenlärm ab.

Die Architekten sehen in ihrem Projekt »einen provokativen Gegenentwurf zu den pro Kopf immer größer werdenden Wohnflächen und einen Beitrag zum wachsenden Wohnungsbedarf.« Ursprünglich war das Haus als temporäres Ausstellungsobjekt konzipiert, aufgrund seiner Beliebtheit wurde die Standzeit jedoch bereits mehrfach verlängert. Wer möchte, kann hier sogar für ein paar Tage probewohnen – und das in sehr zentraler und verkehrsgünstiger Lage.

Vorherige Doppelseite Kleines Haus mit großem Hof: Das sichtgeschützte Atrium erweitert die Wohnfläche des kabinettartigen Einraumhauses bei schönem Wetter ins Freie.

Links außen Urbanes Experiment: Der temporäre Bau steht mitten auf einer Verkehrsinsel und schirmt sich mit seiner hermetischen Fassade konsequent nach außen hin ab.

Links Wie ein Schneckenhaus umschließen die mit schwarzem Wellblech verkleideten Holzpaneele den kompakten Bau. Ein schmaler Durchlass führt in den Innenhof.

Rechts oben In die multifunktionale Einbauwand sind Küche, Nasszelle und Stauräume integriert. Unter der alkovenartigen Sofanische verbirgt sich ein ausziehbares Bett.

Rechts unten Der Innenraum ist vom Boden bis zur Decke mit hellem Fichtenholz ausgekleidet. Der Esstisch lässt sich bei Bedarf aus der seitlichen Wand herausklappen.

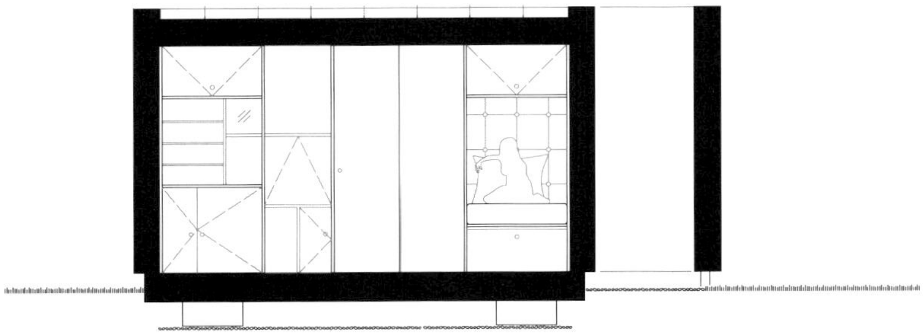

Längsschnitt

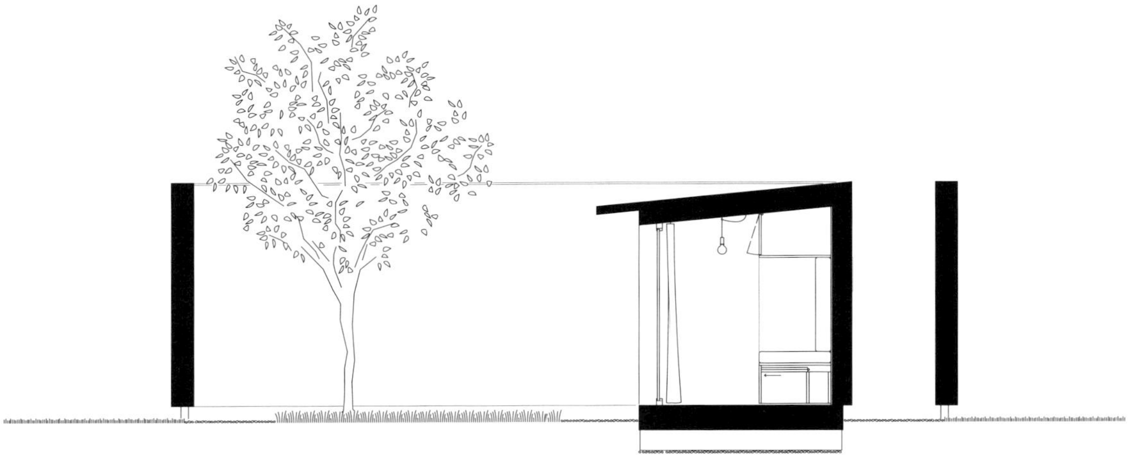

Querschnitt

Grundriss

Kurzporträt

» Ressourcensparendes Einraumhaus auf minimaler Grundfläche

» Experimentelles Beispiel für die Bebauung von ungenutzten innerstädtischen Restflächen zu Wohnzwecken

» Introvertierter Atriumhof und umlaufende Mauer zur optischen und akustischen Abgrenzung vom Außenraum

» Variables Raumkonzept: je nach Jahreszeit Erweiterung der Wohnfläche in den Gartenhof

» Homogene Innenausstattung mit maßgefertigten Raumsparmöbeln

» Holz als nachhaltiges Material für Konstruktion und Innenausbau

Gebäudedaten

Grundstücksgröße: 35 m²
Wohnfläche: 7,3 m²
Zusätzliche Nutzfläche: 27,7 m² (Gartenhof)
Anzahl der Bewohner: 1
Bauweise: Holzelementbau mit Hohlraumdämmung auf Punktfundamenten
Fassade: schwarzes Wellblech
Baukosten gesamt: 25.000 Euro
Energiekonzept: Boiler für Warmwasseraufbereitung, passive solare Gewinne über verglaste Südfassade
Fertigstellung: 2018

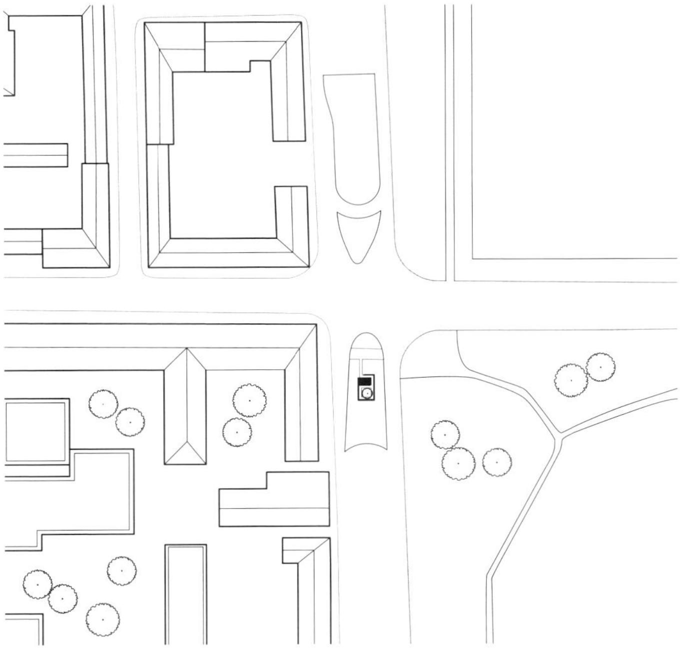

Lageplan

Guobin Shen und Florian Kaiser

» Wir haben mit dem Mikrohofhaus ein klares Zeichen für das Wohnen auf kleinstem Raum gesetzt. «

ALTE STEINE, NEUES HAUS

Einfamilienhaus bei Posen (Polen)

Wrzeszcz Architekci

Vorherige Doppelseite Die gemauerte Außenhülle stammt aus dem Abbruchmaterial einer historischen Backsteinscheune und verleiht dem Neubau ein individuelles Aussehen.

Links Hauseingang und Garage liegen an der Zufahrtsseite im Norden. Im Erdgeschoss springt die Fassade leicht zurück und lässt eine geschützte Nische entstehen.

Rechts Die äußere Ziegelschale, die teilweise auch vor den Fenstern verläuft, lässt diffuses Licht ins Innere dringen – wie hier im Wohnbereich auf der Gartenseite.

Üppige Wälder, ausgedehnte Ackerflächen sowie locker bebaute Wohngebiete prägen das Ortsbild in den Außenbezirken der Universitätsstadt Posen. In einer neu erschlossenen Siedlung am Waldrand entstand das Familiendomizil, das der junge polnische Architekt Borys Wrzeszcz plante. In der näheren Umgebung finden sich noch immer zahlreiche historische Backsteinscheunen, die als Relikte der deutschen Bauern aus der Vorkriegszeit bis heute erhalten geblieben sind: archaisch einfache, solide gemauerte Gebäude, die viele Jahrzehnte überdauert haben, jedoch oft leer stehen und zusehends verfallen.

Das Motiv dieser ortstypischen Zweckbauten spielte auch bei der Konzeption des neuen Hauses eine zentrale Rolle. »Im Lauf des Entwurfsprozesses entstand die Idee, das Thema nicht nur gestalterisch aufzugreifen, sondern auch eine dieser alten verlassenen Scheunen zu recyceln«, erläutert der Architekt. Auf einem Bauernhof in der Nähe konnten seine Auftraggeber eine ungenutzte Scheune erwerben, deren Steine abgetragen und für das Wohnhaus wiederverwendet wurden.

Dieses präsentiert sich nun nach außen hin in neuem, alt vertrautem Ziegelgewand: Den schlichten, kompakten Satteldachbau aus Stahlbeton umgibt eine Schale aus Sichtmauerwerk, die ihm ein unverwechselbares Aussehen verleiht. Die einfache Gebäudeform konkurriert dabei nicht mit der skulpturalen Fassade, die aus vier verschiedenen Ziegelverbindungen besteht – von konventionellem Sichtmauerwerk über reliefartige Bereiche, bei denen sich einzelne Klinker aus dem Verband herausschieben, bis hin zu durchlässigem Lochmauerwerk.

Die Realisierung dieses Vorhabens erwies sich allerdings als große Herausforderung – sowohl für den Architekten, der nicht nur sehr detaillierte Zeichnungen anfertigen musste, sondern auch für die Bauarbeiter, die sich erst wieder in alten, fast vergessenen Handwerkstechniken üben mussten. »Es war schwierig, überhaupt geeignete Maurer zu finden, die an diesem Projekt mitarbeiten wollten«, erzählt Wrzeszcz. »Aber sie haben einen tollen Job gemacht. Doch als jemand anderes sie um eine ähnliche Fassade bat, meinten sie, sie bräuchten erst mal eine Pause.«

Auf dem schmalen, lang gestreckten Grundstück rückt das Wohnhaus dicht an die nördliche Zufahrtsstraße heran. Die Garage ist mittig in das Gebäude integriert und über einen separaten Zugang auch direkt mit dem Entree verbunden. Man betritt das Haus über eine zweigeschossige Eingangshalle, die bis unter das geneigte Dach reicht und in einen großzügigen Koch-, Ess- und Wohnbereich auf der Gartenseite im Süden mündet. Dieser erstreckt sich über die gesamte Gebäudebreite und wird nur vom offenen Kamin optisch unterteilt. Große Glasschiebetüren geben den Blick auf den nahe gelegenen Wald frei und erweitern die Wohnfläche schwellenlos auf die vorgelagerte Terrasse. Der Eindruck von lichter Offenheit wird auch in der Vertikalen verstärkt: Zwei Lufträume – einer über der Kochzeile, ein weiterer über dem Wohnbereich – stellen den Sichtkontakt in die obere Etage her und lassen die Raumhöhe auf bis zu 5 Meter ansteigen. Über Dachflächenfenster fallen die Sonnenstrahlen auch von oben herein, während das Lochmauerwerk, das teilweise vor den Fensterfronten auf der Südseite verläuft, gefiltertes Licht ins Innere dringen lässt.

Von der schönen Aussicht in die umgebende Natur können auch die Eltern in ihrem Schlaftrakt im Obergeschoss profitieren: Ein mit hellem Eichenholz verkleideter Kubus, der wie eine Box zwischen die beiden Lufträume über dem Familienwohnbereich eingehängt ist, schiebt sich auf der Gartenseite weit über die Erdgeschossfassade hinaus und fokussiert mit einem Panoramafenster die Waldkulisse.

Die beiden kompakten Kinderzimmer auf der gegenüberliegenden Gebäudeseite werden über einen gemeinsamen Spielflur erschlossen. Die Abseiten unter den Dachschrägen dienen als Schrank- und Stauräume – und sind Kellerersatz zugleich.

Oben Küche, Ess- und Wohnbereich gehen ineinander über und öffnen sich auf eine gebäudebreite Terrasse, die von der Auskragung des Obergeschosses beschirmt wird.

Rechts oben Macht hoch die Tür: Die doppelgeschossige Eingangshalle mit einem Bodenbelag aus Keramikfliesen ist lichter Empfangsraum und Garderobenflur zugleich.

Ganz rechts oben Der Kamin fungiert als Raumteiler und stimmungsvoller Wärmespender. Auf der Galerie sorgt ein begehbarer Glasboden für Blicktransparenz.

Rechts unten Die Treppe führt zu den privaten Zimmern. Der mit Eichenholz ummantelte Elterntrakt ist wie ein Kubus in den Luftraum über dem Wohnbereich eingehängt.

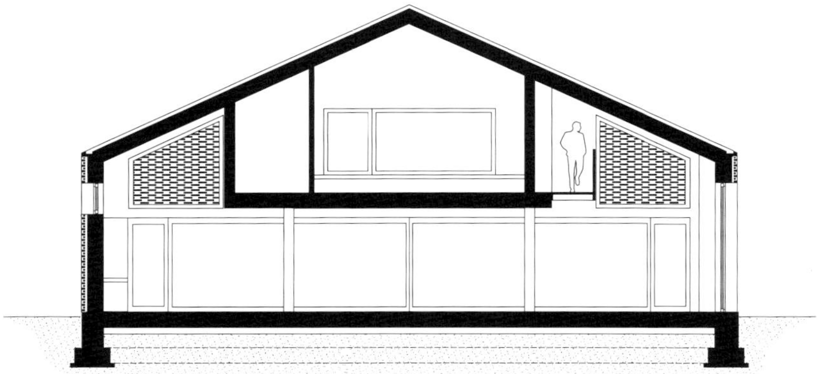

Schnitt

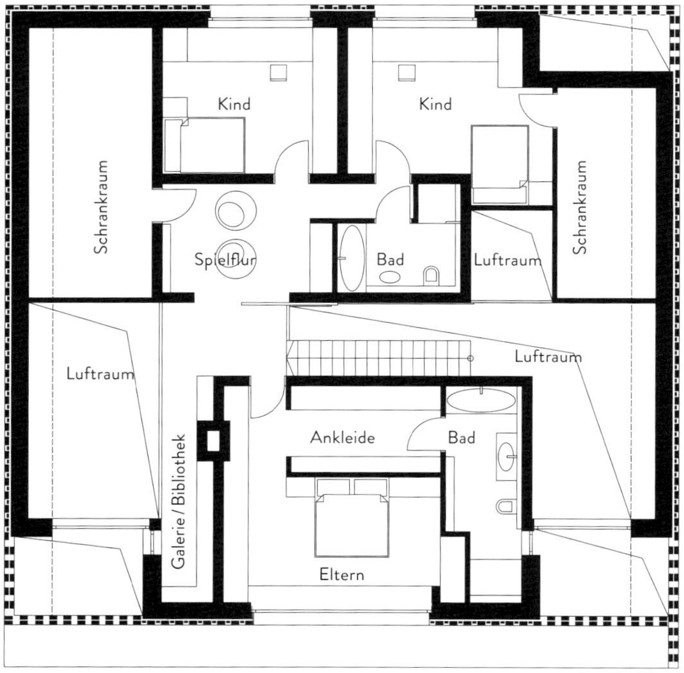

Obergeschoss

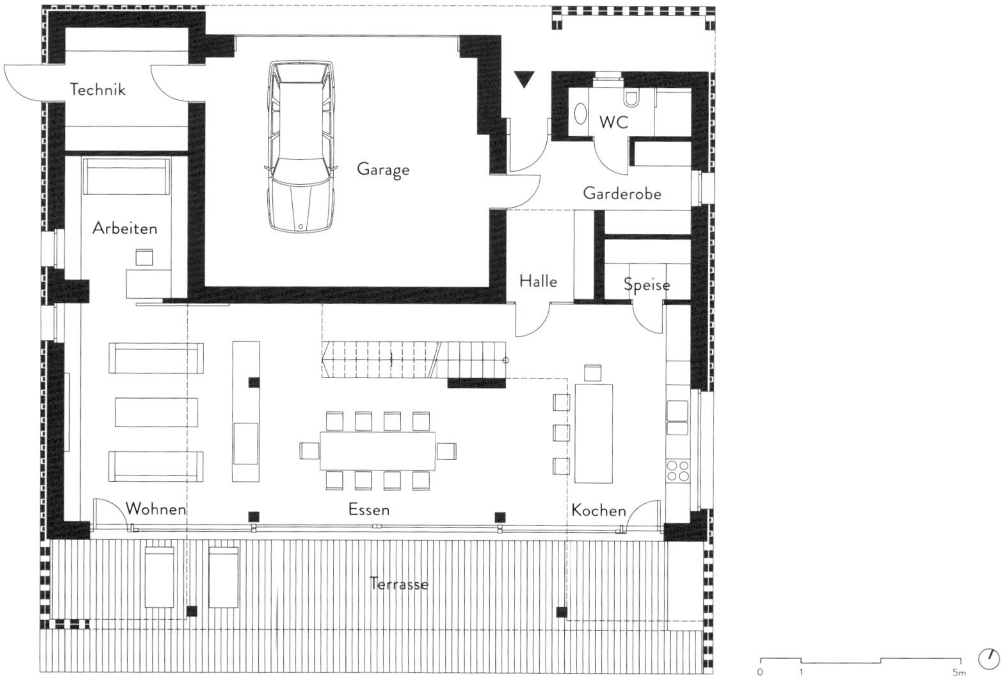

Erdgeschoss

Kurzporträt

- Einfamilienhaus in Ortsrandlage
- Alle Funktionen in einem kompakten Baukörper vereint
- Wiederverwendung von Abbruchmaterial einer leer stehenden Backstein-Scheune für die Fassade
- Weiterführung überlieferter Handwerkstechniken und regionaler Bautraditionen
- Verzicht auf einen Keller

Gebäudedaten

Grundstücksgröße: 1.655 m^2
Wohn- und Nutzfläche: 270 m^2
Anzahl der Bewohner: 4
Bauweise: Stahlbeton mit Ziegelvorsatzschale
Fassade: recycelter Backstein
Energiekonzept: geothermische Wärmepumpe, kontrollierte Wohnraumlüftung
Heizwärmebedarf: 60 kWh/m^2a
Primärenergiebedarf: 80 kWh/m^2a
Fertigstellung: 2020

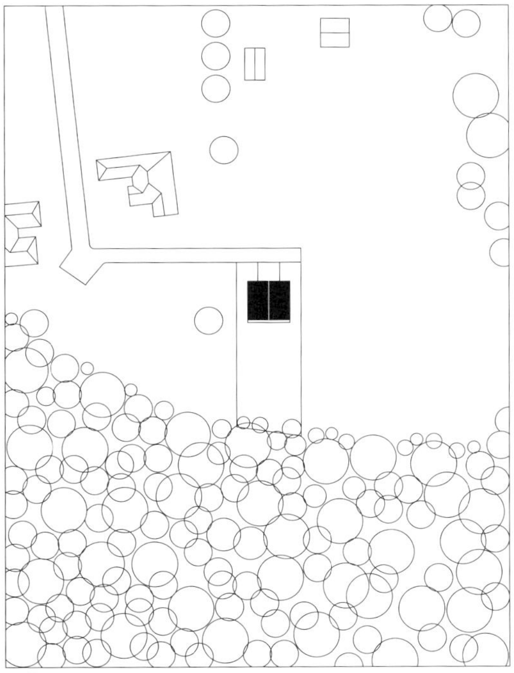

Lageplan

Borys Wrzeszcz

» »Schlüsselidee des Entwurfes war es, das Abbruchmaterial einer alten verlassenen Backsteinscheune für den Neubau wiederzuverwenden.« «

NORDISCHE KOMBINATION

Reilstad Summerhouse auf Finnøy (Norwegen)

Helen & Hard

Vorherige Doppelseite Mit seinem gefalteten Gründach und den gestaffelten Wohnebenen orientiert sich das Haus an der Topografie und folgt dem natürlichen Geländeverlauf.

Links Der Neubau thront oberhalb der Steilküste auf einem weitläufigen Grundstück, das einen fantastischen Ausblick übers Wasser und auf die Fjordlandschaft bietet.

Rechts oben Die Zufahrt zum Haus erfolgt über die Landseite im Nordwesten. Der Eingang liegt windgeschützt im Winkel zwischen Wohngebäude und angrenzender Garage.

Rechts unten An der Eingangsseite tritt der mit Fichtenholz verkleidete Bau nur eingeschossig aus dem Gelände hervor und gibt sich mit wenigen Öffnungen verschlossen.

Bereits der Standort dieses Sommerhauses auf Finnøy, einer der größten Inseln in der südnorwegischen Fjordregion Ryfylke, ist spektakulär: Es befindet sich in schönster Aussichtslage auf einem weitläufigen Grundstück, das zur felsigen Küste im Südosten hin steil abfällt, während sich auf der Hangseite hügeliges Grünland anschließt, auf dem Schafe zwischen alten Eichen grasen. Das faszinierende Naturpanorama spielte daher auch eine zentrale Rolle bei der Konzeption des Wohnhauses, das vom Architekturbüro Helen & Hard entworfen wurde.

Die Planer betteten den Neubau geschickt in das Hangareal ein, sodass er sich trotz seines beachtlichen Volumens nicht dominant in den Vordergrund drängt. Zur Zufahrtsseite hin tritt er nur eingeschossig aus dem Gelände hervor und scheint sich mit seinem sanft geneigten Gründach und der hellen Holzfassade fast in die Umgebung zu ducken. Ein ganz anderes Bild bietet er hingegen auf der Seeseite, wo durchlaufende, teilweise doppelgeschossige Glasfassaden das Licht und die Landschaft ins Haus holen – und die Grenzen zwischen Innen- und Außenraum verschwimmen lassen: Bereits beim Betreten des Hauses fällt der Blick sofort wieder nach draußen und auf die imposante Fjordkulisse.

Der Topografie folgend, staffeln sich die Innenräume auf insgesamt vier, teilweise halbgeschossig versetzten Ebenen den Hang hinab. »Die Landschaft sollte sich auch im Gebäudeinnern in der Architektur fortsetzen«, erläutert der Projektarchitekt Dag Strass das Konzept. Über Terrassen und Sitzplätze ist jede Etage zudem direkt mit dem Garten verbunden, sodass überall fließende Übergänge ins Freie entstehen.

An den Eingangsbereich, der in der obersten Ebene auf Zufahrtsniveau liegt, schließt sich rechterhand die offene Küche mit Essplatz und Kaminofen an. Linkerhand gelangt man über einen galerieartigen Flur in den separaten Gästetrakt, der sich auf die Landseite orientiert. Herzstück des Hauses ist eine großzügig dimensionierte Wohnhalle in Gebäudemitte, die leicht unter das Eingangsniveau abgesenkt ist. Sie ist Dreh- und Angelpunkt des Grundrisses, kommunikativer Aufenthaltsbereich und Verteilerzone zugleich: Von hier aus gelangt man ein paar Stufen tiefer in den privaten Rückzugsbereich der Bauherrin, der wie ein Kubus in den großen Allraum eingestellt ist und auf seiner Rückseite einen eigenen Ausgang ins Freie hat. Über eine fächerförmige, kaskadenartige Treppe geht es von der Wohnhalle weiter hinab ins Gartengeschoss und auf eine große Südterrasse. Die untere Etage nimmt neben Fernsehzimmer, Fitnessbereich und Sauna auch die Nebenräume auf, die sich auf der unbelichteten Hangseite in das ansteigende Gelände schieben.

Beschirmt wird der Bau von einem skulptural anmutenden, leicht gefalteten Satteldach, dessen Neigung dem natürlichen Geländeverlauf folgt und das nur von einem in Längsrichtung durchlaufenden Firstbalken sowie den Fassaden getragen wird. Die imposante Dachkonstruktion prägt mit ihren frei liegenden Holzbalken auch den Raumeindruck im Gebäudeinnern, das trotz der vielen großen Glasflächen eine warme und wohnliche Atmosphäre bietet. Dazu trägt vor allem der handwerklich perfekte Innenausbau in Eschenholz bei: Sowohl die lebhaft gemaserten Bodendielen als auch die Treppe, sämtliche Wandverkleidungen sowie die zahlreichen Stauraummöbel sind aus dem gleichen Material.

Auch das Gebäude selbst ist eine Holzkonstruktion, die mit Zellulose gedämmt wurde und eine Fassadenverkleidung aus imprägnierter Fichte erhielt. Als zusätzliche Isolationsschicht dient das extensiv begrünte Dach, das ist mit ortstypischen Bodendeckern bepflanzt wurde und mit dazu beiträgt, den Neubau unauffällig in sein natürliches Umfeld einzubinden.

Oben Großer Auftritt: Besonderer Blickfang im Wohnbereich ist die fächerförmige, kaskadenartige Holztreppe mit transparenter Glasbrüstung, die ins Hanggeschoss führt.

Rechts Küche, Ess- und Wohnbereich gehen auf leicht versetzten Ebenen offen ineinander über. Raumhohe durchlaufende Glasfronten holen das Licht und die Landschaft herein.

Ganz oben Zur Küste hin wird das Gelände schroff und felsig. Überdachte Freisitze auf beiden Ebenen schaffen geschützte Übergangszonen zwischen drinnen und draußen.

Oben Der zentrale Wohnbereich ist leicht unter das Niveau der Eingangsebene abgesenkt und wird stützenfrei von einem zeltartigen, skulptural anmutenden Dach überspannt.

Rechts oben Helle Holzoberflächen prägen den Raumeindruck im ganzen Haus. Die maßgefertigten Einbauten sind wie die Wandverkleidungen und der Bodenbelag aus Esche.

Rechts unten beide Über das Arbeitszimmer, das von einer Regalwand flankiert wird, gelangt man zum Schlaftrakt, wo ein raumbreites Fenster das Fjordpanorama inszeniert.

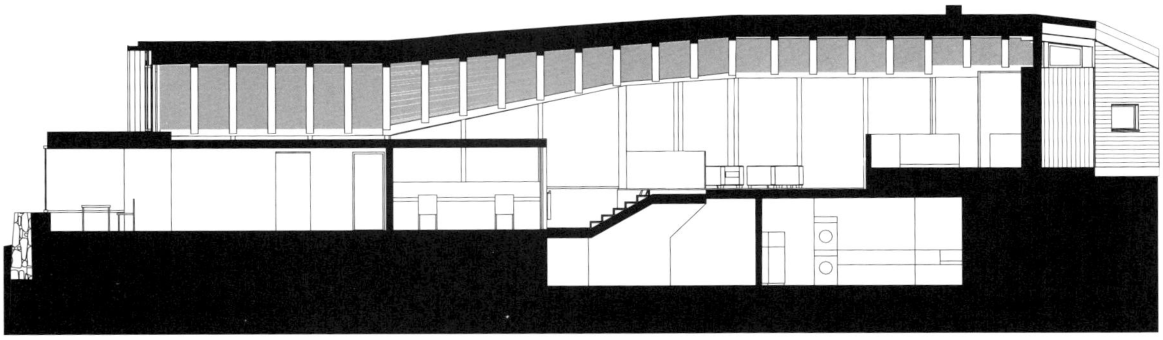

Schnitt

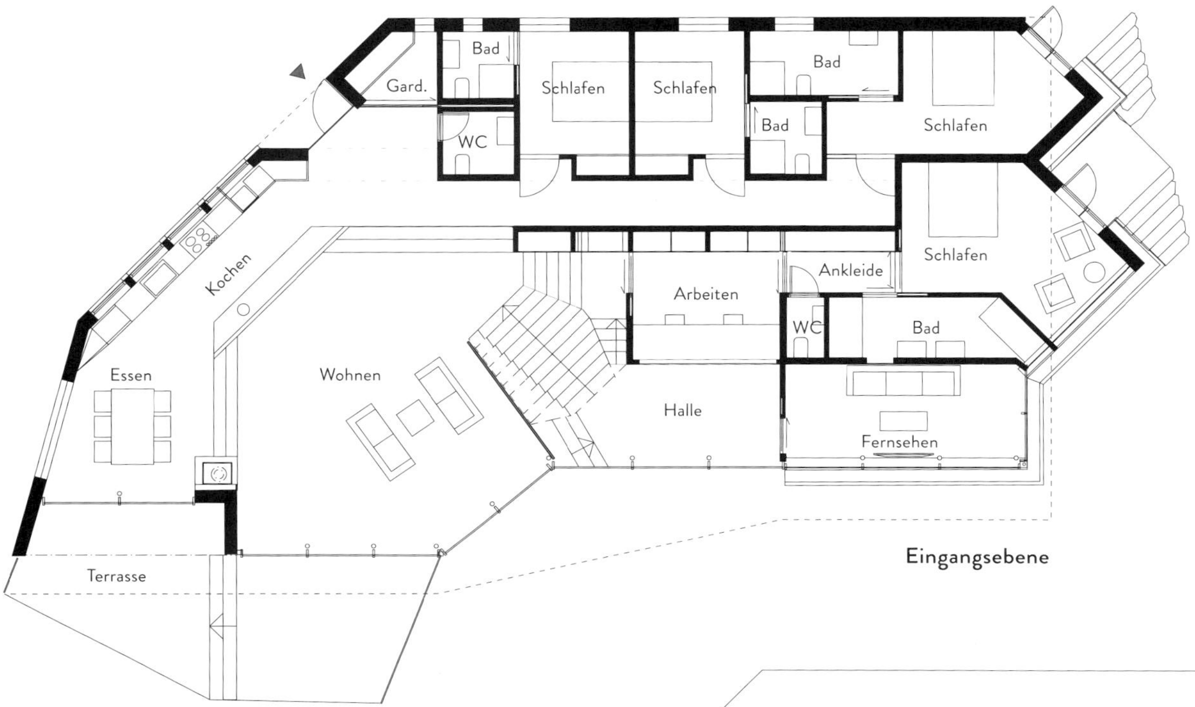

Eingangsebene

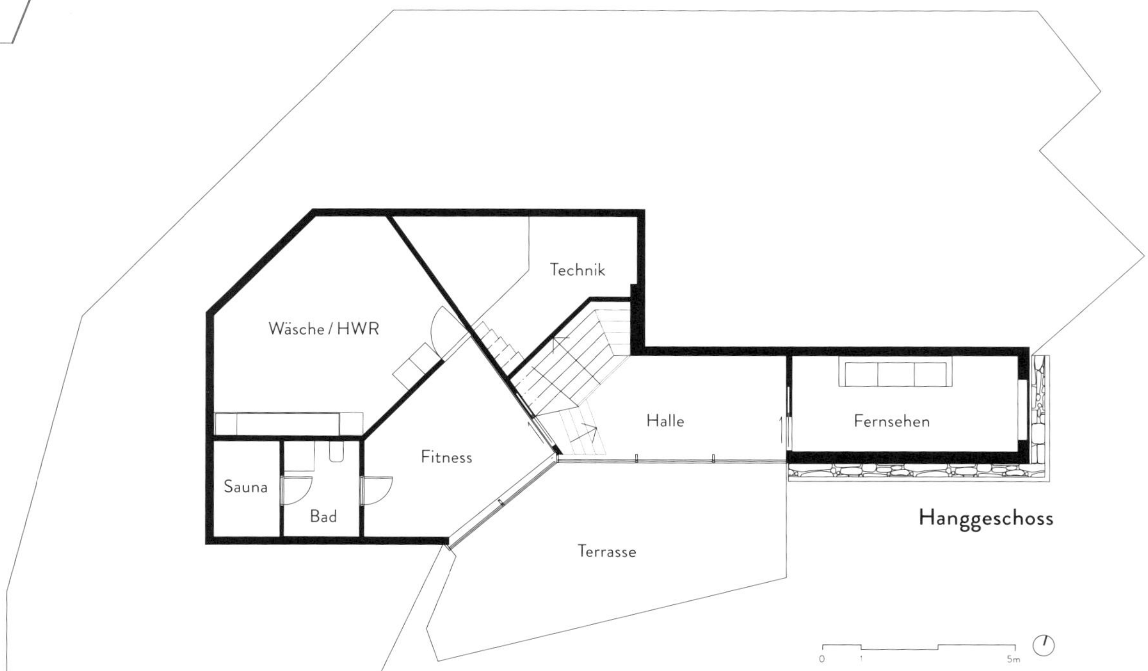

Hanggeschoss

Kurzporträt

» Enge Verbindung von Architektur und Topografie

» Neubau in Form-, Farb- und Materialwahl zurückhaltend in Küstenlandschaft eingefügt

» Grundriss dem natürlichen Geländeverlauf folgend über mehrere Ebenen gestaffelt

» Enger Bezug von Innen- und Außenraum über Terrassen und Freisitze auf allen Ebenen

» Holz als natürlicher, nachhaltiger Baustoff für Konstruktion, Fassade und Innenausbau

» Reduktion auf wenige Materialien und Farben

» Gründach als Retentionsfläche und Klimapuffer

Gebäudedaten

Grundstücksgröße: 3.101 m²
Wohnfläche: 342 m²
Zusätzliche Nutzfläche: 55 m² (Garage)
Anzahl der Bewohner: 1 + Gäste
Bauweise: Holzkonstruktion mit Zellulosedämmung auf Betonplatte
Fassade: imprägniertes Fichtenholz
Energiekonzept: Erdwärmepumpe, Gründach
Heizwärmebedarf: 29,8 kWh/m²a
Primärenergiebedarf: 89,1 kWh/m²a
Fertigstellung: 2018

Lageplan

Dag Strass, Helen & Hard

» Die Architektur passt sich dem natürlichen Geländeverlauf organisch an: Der Außenraum setzt sich im Gebäudeinnern mit einer Wohnlandschaft auf vier Ebenen fort. «

DAHEIM IM DENKMAL

Umbau eines Fabrikensembles in Leipzig

quartier vier – Herberg | Siebeck | Wortelkamp

Der Leipziger Stadtteil Plagwitz entwickelte sich ab der zweiten Hälfte des 19. Jahrhunderts zu einem bedeutenden Industriestandort. Historische Wohn- und Fabrikgebäude aus der Gründerzeit erinnern bis heute an diese längst vergangene Ära. Nachdem in der DDR- und Wendezeit die Bausubstanz zusehends verfiel und teils jahrelang leer stand, hat sich Plagwitz dank zahlreicher Sanierungen wieder zu einem lebendigen Stadtquartier gewandelt. Viele der alten Industriebauten werden mittlerweile umgenutzt, so auch das Fabrikensemble in der Naumburger Straße: Eine Gruppe junger Familien hatte den denkmalgeschützten Komplex mit Vorder- und Hinterhaus samt Nebengebäuden erworben und eine Hausgemeinschaft gegründet.

»Die Gebäude wurden ab 1898 als Büroausrüstungsfabrik erbaut und dienten seit den 1930er-Jahren der metallverarbeitenden Industrie«, erläutern die Architekten vom Büro quartier vier, die mit dem Umbau und der Sanierung beauftragt waren. Nach Abschluss ihrer aufwändigen Baumaßnahmen präsentiert sich die Straßenansicht des fünfgeschossigen Vorderhauses heute wieder in neuem altem Glanz. Unter einer dicken Schicht aus Kohlestaub und Schmutz kamen gelbe und grüne Klinker sowie Jugendstilornamente hervor. Hinter der repräsentativen Fassade liegen die ehemalige Chefetage sowie acht Wohnungen in den Obergeschossen, die über klassische Altbauqualitäten verfügen: Deckenstuck, Wandvertäfelungen, Bleiglasfenster und historische Türen tragen zur unverwechselbaren Wohnatmosphäre bei.

Ganz anders hingegen ist der Raumeindruck in der ehemaligen Fabrikanlage, einem dreigeschossigen Rückgebäude, das den Innenhof nordseitig begrenzt. In den rund 250 Quadratmeter großen Hallen sind großzügige, lichtdurchflutete Loft- und Maisonettewohnungen entstanden, die sich ihren industriellen, leicht ruppigen Charme bewahrt haben – mit unverputztem Ziegelmauerwerk, gusseisernen Stützen, Böden aus Sichtestrich sowie schlichten Einbauten aus Seekiefer.

Lebendige Vielfalt herrscht auch im zweiten Hinterhof, wo teils ruinöse Nebengebäude zugunsten gemeinschaftlicher Grünflächen zurückgebaut wurden. Eines der Gebäude dient als Atelier, ein anderes wird von den Hausbewohnern als Freiluftzimmer und Partyzone genutzt. Das ausgewogene Maß von räumlicher Nähe und Distanz sorgt auch im Außenraum für ein harmonisches Miteinander: Sichtgeschützte Terrassen und Balkone bieten jeder Partei private Rückzugsmöglichkeiten, gemeinsame Grünanlagen und Höfe wiederum schaffen Raum für Geselligkeit und spontane Treffen. Auch eine Gästewohnung ist vorhanden, die je nach Bedarf genutzt werden kann.

So verschieden die individuellen Bedürfnisse sind, so sehr unterscheiden sich auch die einzelnen Wohneinheiten in Größe, Zuschnitt und Raumaufteilung. Viel Wert legten alle Beteiligten jedoch auf möglichst offene, flexible Grundrisse mit nutzungsneutralen Räumen, die sich langfristig wandelnden Ansprüchen, Bewohnerzahlen und Lebenssituationen anpassen können.

Doch bei allem Hang zur Individualität präsentiert sich das Hausensemble nach außen hin als stimmige Einheit. »Gemeinsam mit der Baugruppe aus zehn Parteien ist es in einem intensiven Planungsprozess gelungen, ein schlüssiges Gesamterscheinungsbild für das Ensemble zu entwickeln, das allen heterogenen und homogenen Bedürfnissen der Hausgemeinschaft gerecht wurde«, erläutern die Architekten. Wichtig war zudem, dass trotz der erforderlichen energetischen Sanierung und der Umwandlung des Industriedenkmals zu Wohnzwecken der ursprüngliche Charakter des Gebäudes als identitätsstiftendes Element erhalten bleiben sollte. So achteten die Planer beispielsweise bei der Materialwahl für neue Bauteile darauf, einen Bezug zur früheren Nutzung des metallverarbeitendem Betriebes herzustellen: Die weiße Stahlblech-Verkleidung der neuen Dachgauben oder die freitragenden Stahlbalkone an der Hoffassade des Vorderhauses knüpfen an die Geschichte des Hauses an – und setzen zugleich sichtbare moderne Zeichen.

Vorherige Doppelseite Im denkmalgeschützten ehemaligen Fabrikgebäude sind Loftwohnungen entstanden, die industrielles Flair mit zeitgemäßem Wohnambiente verbinden.

Links beide Auch das einst leer stehende, heruntergekommene Vorderhaus aus der Gründerzeit wurde saniert. Neue Balkone an der Hoffassade setzen klare moderne Zeichen.

Rechts Der dreigeschossige Backsteinbau liegt im ersten Hinterhof. Er diente früher als Büroausrüstungsfabrik und hat sich trotz Umbau seinen rauen Charme bewahrt.

Unten Gusseiserne Stützen, Ziegelmauerwerk, Estrichboden und Einbauten aus Seekiefer prägen den Raumeindruck in der Wohnung im zweiten Obergeschoss.

Oben beide Glasgedeckte Öffnungen im Dach lassen zusätzliches Licht von oben hereinfallen. Der robuste Bodenbelag aus Sichtestrich setzt sich in den Bädern fort.

Links Der Kontrast von Alt und Neu trägt auch in der Essküche zum unverwechsel-baren Wohnambiente bei. Der Schrank im Hintergrund ist ein Flohmarktfund.

Oben Lichtdurchflutet ist auch die Loftwohnung im ersten Obergeschoss. Ein internes Treppenhaus erschließt zwei weitere Zimmer im westlichen Seitenflügel des Gebäudes.

Links An den Essplatz schließt sich im Norden eine Dachterrasse an. Sie orientiert sich auf den zweiten Hinterhof, der als gemeinschaftliche Grünanlage genutzt wird.

Links oben beide Der Allraum reicht über die gesamte Gebäudetiefe, was zum großzügigen Eindruck beiträgt. Licht und luftig wirkt auch das Arbeitszimmer auf der Südseite.

Links unten Die Raumhöhe bietet Platz für zusätzliche Einbauten. In dem kompakten Kubus, der in den offenen Wohnbereich eingestellt ist, ist ein Duschbad untergebracht.

Rechts oben Die Wohnungen im renovierten Vorderhaus bieten mit ihren enfiladenartigen Raumfolgen sowie Parkettböden und Wandvertäfelungen klassische Altbauqualitäten.

Rechts unten Die Originalsubstanz wurde aufwändig saniert, Deckenstuck und kassettierte Türen tragen auch im Kinderzimmer zum individuellen Wohnambiente bei.

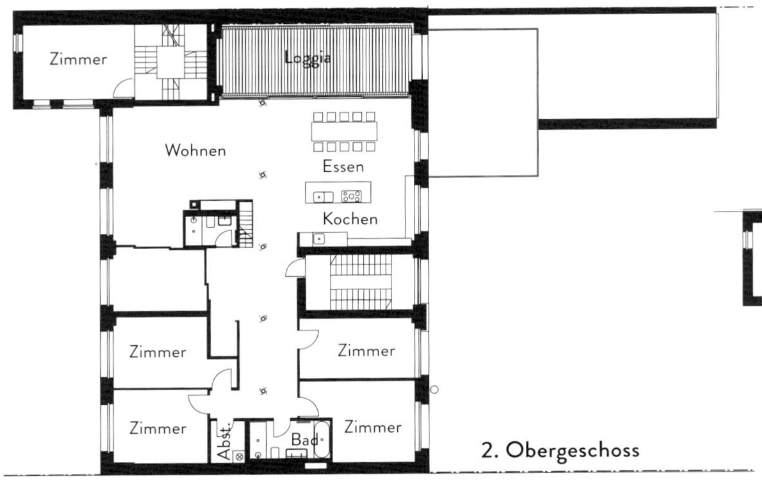

2. Obergeschoss
Hinterhaus

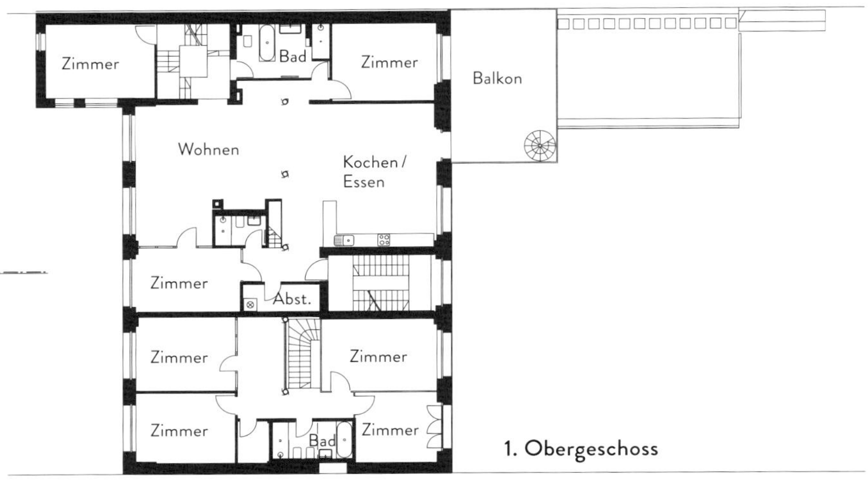

1. Obergeschoss
Hinterhaus

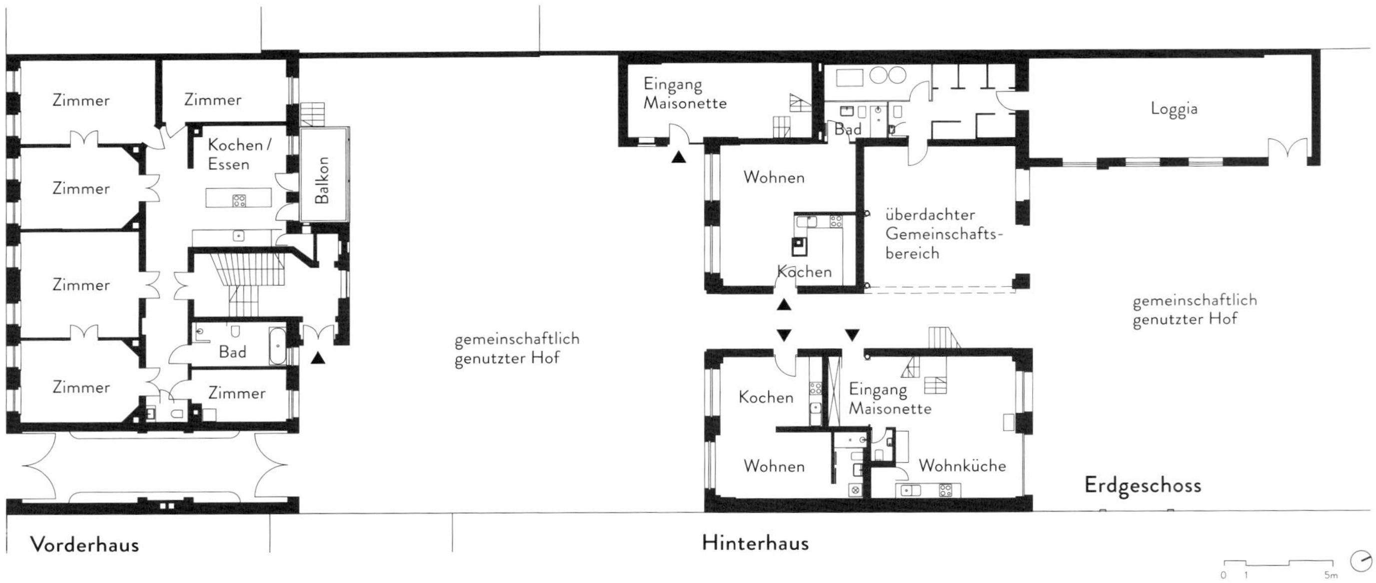

Erdgeschoss
Vorderhaus
Hinterhaus

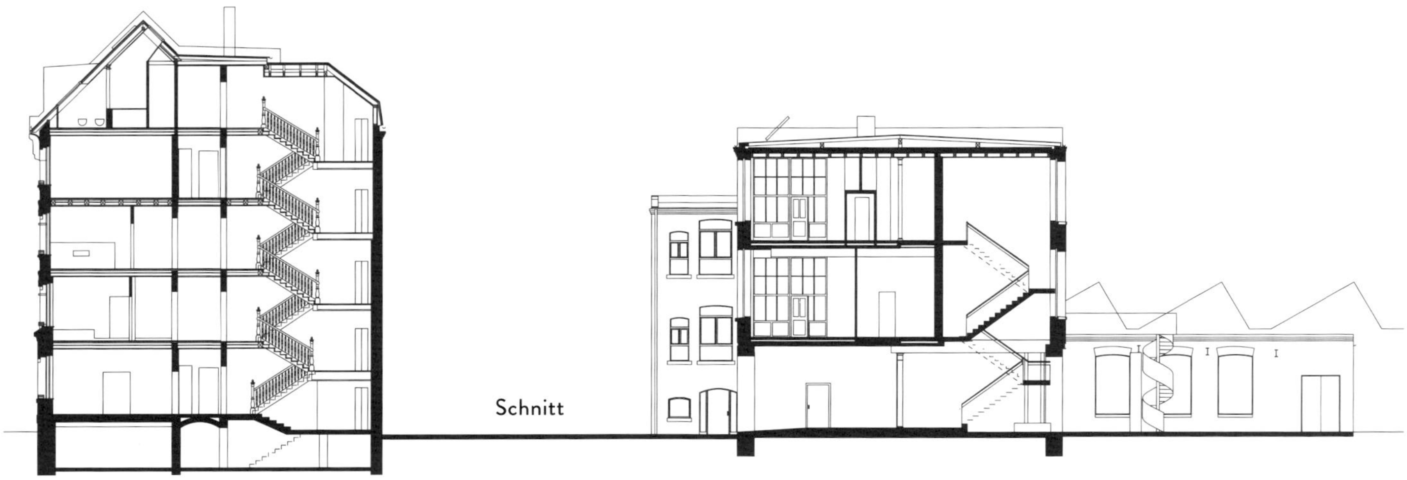
Schnitt

Kurzporträt

- Erhalt und Umnutzung historischer Industriearchitektur, Schaffen von neuem Wohnraum im Bestand
- Denkmalgerechte Sanierung und Umbau eines stark beschädigten Fabrikensembles
- Beitrag zur Neubelebung des städtischen Quartiers
- Vielfältiges Wohnungsangebot mit flexiblen Grundrissen und hierarchiefreien Räumen
- Grünanlagen und Höfe zur gemeinschaftlichen Nutzung
- Gemeinsame Gästewohnung
- Barrierearmer Zugang, Fahrstuhl im Vorderhaus
- Energetische Sanierung

Gebäudedaten

Grundstücksgröße: 1.920 m^2
Wohnfläche: 1.796 m^2
Zusätzliche Nutzfläche: 65 m^2
Anzahl der Bewohner: 40
Bauweise: Massivbau
Fassade: Klinker, WDVS
Baukosten gesamt: über 2 Mio. Euro
Energiekonzept: Gasbrennwerttherme, unterstützt von thermischer Solaranlage
Heizwärmebedarf: 93 kWh/m^2a (Vorderhaus), 87 kWh/m^2a (Hinterhaus)
Primärenergiebedarf: 103 kWh/m^2a (Vorderhaus), 99 kWh/m^2a (Hinterhaus)
Baujahr Bestand: 1898
Fertigstellung Umbau: 2017

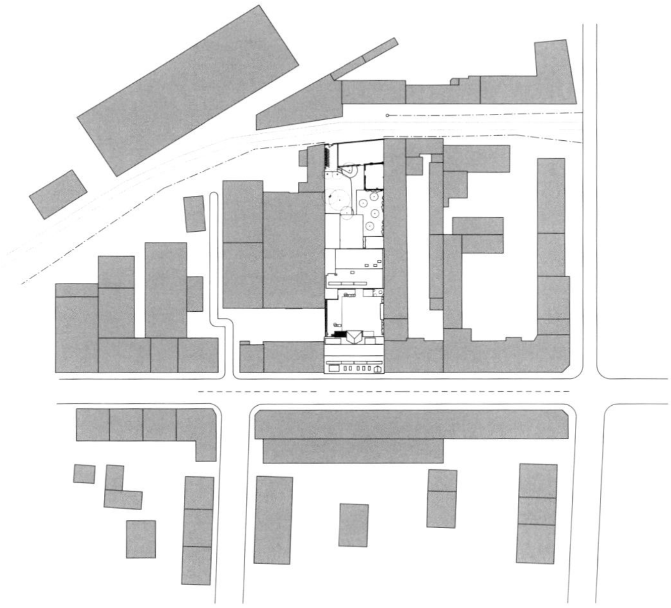

Lageplan

Kim Wortelkamp, quartier vier

» Trotz der energetischen Sanierung der denkmalgeschützten Substanz und Umnutzung der Gewerbeimmobilien zu Wohnzwecken war es wichtig, den Charakter des Ortes zu erhalten. «

TRAGFÄHIGE LÖSUNG

Haus MG in St. Christina / Südtirol (Italien)

Architekten Mahlknecht Comploi

Vorherige Doppelseite Holz und Dämmbeton prägen das Erscheinungsbild dieses Hauses, das mit seinem flach geneigten Satteldach an die regionale Formensprache anknüpft.

Rechts oben beide Der Beton wurde mit geschäumtem Glas, Hochofenzement sowie Porphyr versetzt und später gestockt, sodass eine grobkörnige Oberfläche entstand.

Links Der Eingang liegt auf der Hangseite im Norden und wird von einem erkerartigen Fassadenvorsprung akzentuiert, der einen überdachten Zugangsbereich entstehen lässt.

Rechts unten Das Zentrum des Familienlebens befindet sich im Hanggeschoss. Der Wohnbereich liegt abgesenkt in einer Mulde, die von umlaufenden Sitzbänken gefasst wird.

Das Grödner Tal in Südtirol bietet ein pittoreskes Panorama. Am Fuße des Langkofels, umrahmt von den schroffen Gipfeln der Dolomiten, liegt die kleine Gemeinde St. Christina. Das malerische Dorf ist vor allem für Wanderurlauber und Wintersportler ein beliebtes Reiseziel. Inzwischen hat der Tourismus auch hier seine Spuren hinterlassen und das Ortsbild verändert – nicht zuletzt mit neuen Hotels und Pensionen im pseudo-rustikalen Stil, die dem gängigen Klischee von alpenländischer Architektur entsprechen.

Unprätentiös und ohne jede falsche Heimattümelei hingegen präsentiert sich das Wohnhaus, das nach den Entwürfen des Architektenteams Mahlknecht Comploi hier entstand und mit dem die Planer das Thema Bauen in den Bergen zeitgemäß neu interpretierten. Es thront an einem Südwesthang direkt oberhalb einer stark befahrenen Verbindungsstraße. Nach außen hin gibt sich der kompakte Bau mit seinem ortstypisch flach geneigten Satteldach und den schlichten dunklen Holzbalkonen betont dezent. Was man ihm allerdings nicht ansieht, ist die radikale Reduktion in seinem Innern. »Nachhaltigkeit wurde bei diesem Projekt durch den Einsatz von soliden und sehr dauerhaften Baumaterialien sowie den Verzicht auf Unnötiges erzielt, was zu einer extrem reduzierten Materialsprache führte«, erläutert Igor Comploi das Konzept. Im konkreten Fall bedeutet dies: Das Wohnhaus ist aus einschaligem Dämmbeton – und kommt ganz ohne Isolierfolien, Bewehrung oder zusätzliche Wärmedämmung in seinen 60 Zentimeter starken, tragenden Außenwänden aus.

Der Beton wurde mit geschäumtem Glas, Hochofenzement sowie einem kleinen Anteil an Porphyr versetzt, dick gegossen und anschließend gestockt, sodass eine grobkörnige Oberfläche entstand, die im Lauf der Zeit zwar Patina annehmen wird, jedoch keine weitere Instandhaltung erfordert. »Wir hatten zuvor bereits ein anderes Haus aus Dämmbeton errichtet und unsere Bauherren waren fasziniert von dem Material«, erklärt Comploi die ungewöhnliche Wahl seiner Auftraggeber für diesen ebenso spröden wie reizvollen Baustoff. Im Übrigen setzten alle Beteiligten auf Holz aus der Region – das für die Dachkonstruktion und die Balkone zum Einsatz kam, aber auch für sämtliche Fenster, Türen, Bodenbeläge und Einbauten.

Im Innern des Hauses entfaltet sich ein komplexes Raumgefüge auf insgesamt vier leicht versetzten Ebenen, sodass sich auch in der Vertikalen vielfältige Blickbeziehungen ergeben. Man betritt das Gebäude in der oberen Etage von der Hangseite aus, wo ein betoniertes Eingangsportal den Zugangsbereich beschirmt und räumlich fasst. Von der Diele führt eine kurze offene Treppe zu den leicht erhöht liegenden Schlafräumen sowie auf eine Arbeitsgalerie, während sich der große zusammenhängende Gemeinschaftsbereich ein Geschoss tiefer, auf Gartenniveau befindet. Die Küche auf der Ostseite lässt sich mit einer Schiebetür vom Allraum abteilen, im Süden schottet ein erkerartiger Vorsprung, der von massiven, geschlossenen Wandscheiben gefasst wird, den Essplatz gegen die lärmige Straße ab. Der Wohnbereich im Westen wiederum liegt abgesenkt in einer Mulde, die von Sitzbänken gefasst ist und ist über einen Luftraum Sichtkontakt in die die darüber liegende Galerieebene hält.

Falsche Rustikalität kommt auch im Interieur nirgendwo auf: Oberflächen aus Sichtbeton dominieren den Raumeindruck im ganzen Haus, während durchgängige Bodendielen sowie Wandverkleidungen und maßgefertigte Schreinereinbauten aus Eichenholz für warmtonige Kontraste sorgen. Als »ein kompromissloses Beispiel von elementarer Beständigkeit und Zeitlosigkeit« beschreiben die beiden experimentierfreudigen Architekten selbst ihr ungewöhnliches Projekt.

Links oben Mit einem Split-Level-Konzept reagiert der Bau auf die Hanglage: Der Eingang befindet sich auf Straßenniveau und liegt leicht erhöht über dem Wohnbereich.

Links unten Sämtliche Wandverkleidungen, Einbauten sowie die durchgängig verlegten Dielenböden sind aus Eichenholz. Auch die Küche fügt sich stimmig ins Gesamtkonzept.

Rechts oben beide Im Garderobenflur sind Zimmertüren und Einbauschränke unauffällig in die Holzverkleidung integriert. Die Galerie führt zu den Schlafräumen unterm Dach.

Rechts unten Der Essplatz liegt in einer erkerartigen Nische. An den Betondecken lassen sich die Abdrücke der OSB-Platten ablesen, die für die Schalung verwendet wurden.

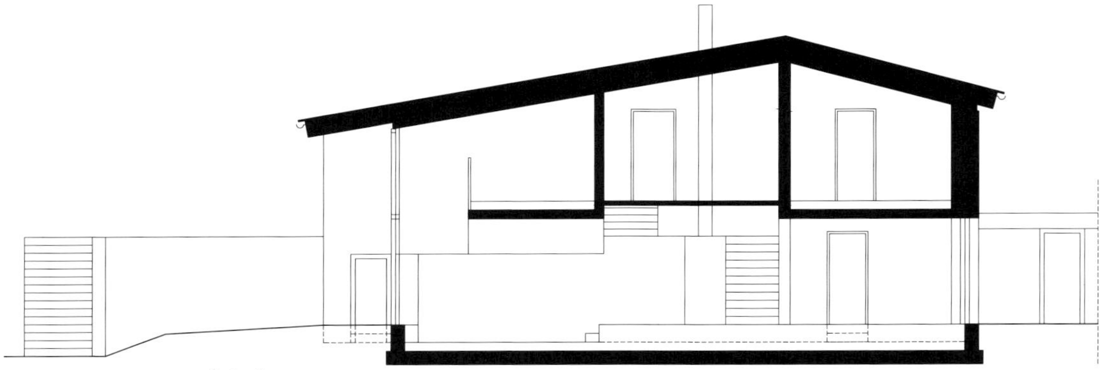

Schnitt

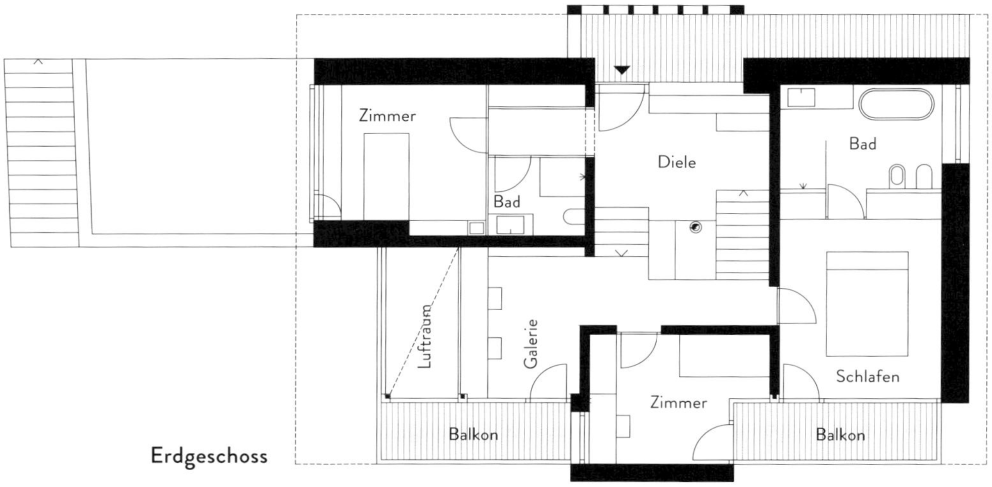

Erdgeschoss

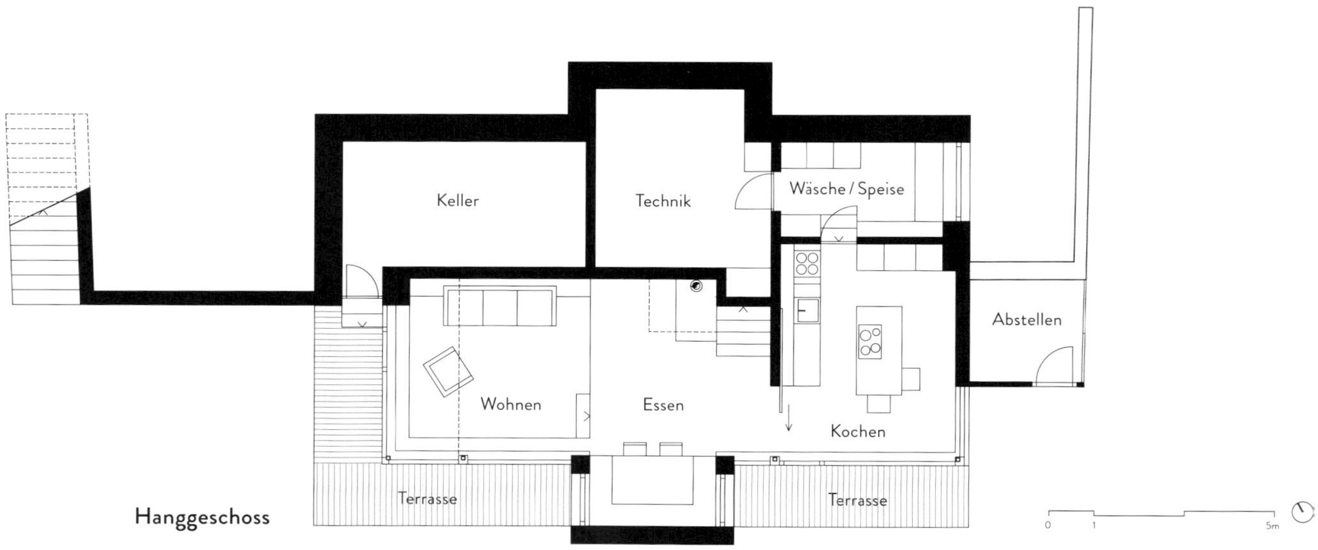

Hanggeschoss

Kurzporträt

- Monolithischer Baukörper aus einschaligem, gestocktem Dämmbeton
- Verzicht auf Isolierfolien, Bewehrung sowie Wärmedämmung an den Wänden
- Wartungsfreie Fassade
- Reduktion auf wenige solide und dauerhafte Materialien für Konstruktion und Innenausbau
- Fenster, Türen, Böden, Dach und Balkone aus Massivholz
- Alle ausführenden Betriebe aus der Region
- Homogener, handwerklich hochwertiger Innenausbau

Gebäudedaten

Grundstücksgröße: 435 m²
Wohn- und Nutzfläche: 150 m²
Anzahl der Bewohner: 2
Bauweise: Massivbau, einschaliger Dämmbeton mit 60 cm starken Außenwänden
Fassade: Dämmbeton mit gestockter Oberfläche
Energiekonzept: Gastherme, Holzofen
Heizwärmebedarf: 48 kWh/m²a
Primärenergiebedarf: 80 kWh/m²a
Fertigstellung: 2017

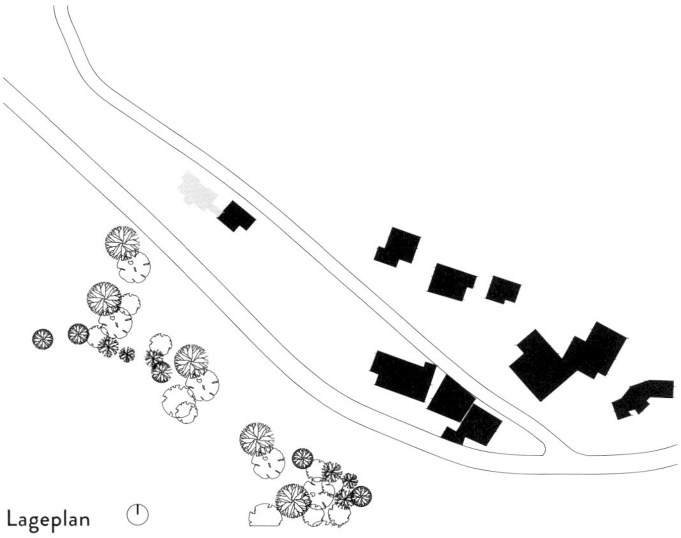

Lageplan

Igor Comploi und Thomas Mahlknecht

» Der Verzicht auf Folien, Dämmung und Bewehrung führte zu einer extrem reduzierten Materialsprache: einschaliger Dämmbeton, Holz und Glas. «

KONTRASTPROGRAMM

Umbau Rustici Casa Lucciola in Corippo / Tessin (Schweiz)

Rafael Schmid Architekten

Vorherige Doppelseite Die beiden denkmalgeschützten Rustici dienten ursprünglich als Stall und Heuschober – und haben sich in ein zeitgemäßes Feriendomizil verwandelt.

Links Blick auf die Zugangsseite im Norden: Mit seinen Bruchsteinmauern und den mit Granitplatten gedeckten Dächern duckt sich das kleine Ensemble an den steilen Hang.

Rechts oben beide Die Wohnküche liegt im größeren der beiden Häuser. Im Gegensatz zur massiven Außenhülle ist der Innenausbau vorwiegend aus Fichte-Dreischichtplatten.

Rechts unten Maßgefertigte Einbauten nutzen die kleine Fläche optimal aus. Das Treppenmöbel bietet in seinem Innern viel Stauraum sowie Platz für den Kühlschrank.

In dem Tessiner Bergdörfchen Corippo scheint die Zeit stehen geblieben zu sein: Der abgelegene Ort im Verzascatal ist die kleinste Gemeinde der Schweiz. Kaum ein Dutzend ständige Einwohner wurden hier zuletzt gezählt. Wie ein Vogelnest thront die Siedlung mit ihren traditionellen Steinhäuschen am Steilhang und scheint fast mit ihrer Umgebung zu verschmelzen. Der Dorfkern wurde bereits 1975 unter Denkmalschutz gestellt, seither setzt sich eine Stiftung für den Erhalt des entvölkerten Ortes und seines architektonischen Erbes ein. Die schleichende Abwanderung konnte dies jedoch nicht stoppen: von den etwa 70 Rustici stehen die meisten seit Langem leer. Mit sanftem, naturnahem Tourismus und Gästeunterkünften in den jahrhundertealten Häusern wird mittlerweile versucht, den Ort vor dem Verfall zu bewahren.

Wie gut sich alte, ruinöse Gebäude wieder zu neuem Leben erwecken lassen, zeigt das Projekt von Rafael Schmid, der zwei historische Zweckbauten in ein zeitgemäßes Ferienhausensemble verwandelt hat. Entdeckt hatten seine Bauherren die beiden zum Verkauf stehenden Rustici bei einer Wanderung durchs Tessin. Die Häuser liegen nur wenige Gehminuten vom historischen Ort entfernt, wurden um 1850 errichtet und dienten hauptsächlich als Stall und Heuschober.

Da die Rustici ebenfalls unter Denkmalschutz stehen, folgte eine sehr aufwändige und detaillierte Entwurfs- und Eingabeplanung, zumal das Bauvorhaben – wie alle derartigen Projekte – von den Tessiner Behörden intensiv begleitet wurde. Insbesondere was das äußere Erscheinungsbild betraf, waren nur minimale Anpassungen erlaubt, etwa bei Fensteröffnungen und -größen. Auf den ersten Blick ist daher auch fast alles beim Alten geblieben: Mit seinen grob gemauerten Bruchsteinwänden und den mit Granitplatten gedeckten Dächern duckt sich das Häuserpaar an den steilen Hang. Nur die neuen Fenster in den tief sitzenden Laibungen lassen die Veränderungen in seinem Innern erahnen.

Im Gegensatz zur spröden Steinfassade überrascht das Innere mit lichter Offenheit und Weite. Im größeren der beiden zweistöckigen Häuser ist eine Wohnküche untergebracht, die über eine Glastür auf der Südseite viel Tageslicht erhält, unter dem Dach liegt eine Schlafgalerie. Das kleinere Gebäude nimmt im Erdgeschoss ein Duschbad sowie in der darüberliegenden Ebene ein weiteres winziges Schlafzimmer auf.

Da die Innenräume sehr eng sind, wurde jeder Zentimeter mit platzsparenden Einbauten sinnvoll genutzt. Ein wahres Stauraum-Wunder etwa ist die Treppe im Haupthaus, die als Möbelstück und Schrankwand zugleich fungiert. Dabei setzte der Architekt auf eine einfache, reduzierte Materialpalette: »Mir war es wichtig, dass es nicht zu rustikal und heimelig wird«, erklärt er. »Der Innenausbau ist daher hauptsächlich aus Fichtenholz-Dreischichtplatten. Das günstige Baumaterial steht in spannungsvollem Kontrast zu der äußeren traditionellen Gebäudehülle aus Stein.« Für den Umbau wurden ausschließlich ortsansässige Handwerker aus dem Verzascatal engagiert, deren fundiertes Fachwissen sowie Geschick im Umgang mit der historischen Bausubstanz dem Projekt zugutekamen.

Angesichts der abgeschiedenen Lage des Grundstücks – das weder Wasser-, Strom- noch Gasanschluss hat – war von Anfang an klar, dass die beiden Rustici völlig autark funktionieren müssen. Photovoltaikpaneele liefern den nötigen Strom, der in zwei großen Solarbatterien zwischengespeichert wird, sodass die kleinen Häuser auch im Winterhalbjahr ausreichend mit Elektrizität versorgt sind. Mit Speicherelementen ist auch der Kaminofen im Haupthaus ausgestattet, der mit Holz aus dem eigenen Wald befeuert wird. Eine Zisterne, die oberhalb der Häuser in den Hang eingebettet ist und vom vorbeifließenden Bergbach gespeist wird, liefert das Frischwasser, das mittels eines UV-Filters trinkfertig aufbereitet wird. Das Schmutzwasser wiederum nimmt eine vollbiologische, selbstreinigende Kleinkläranlage auf.

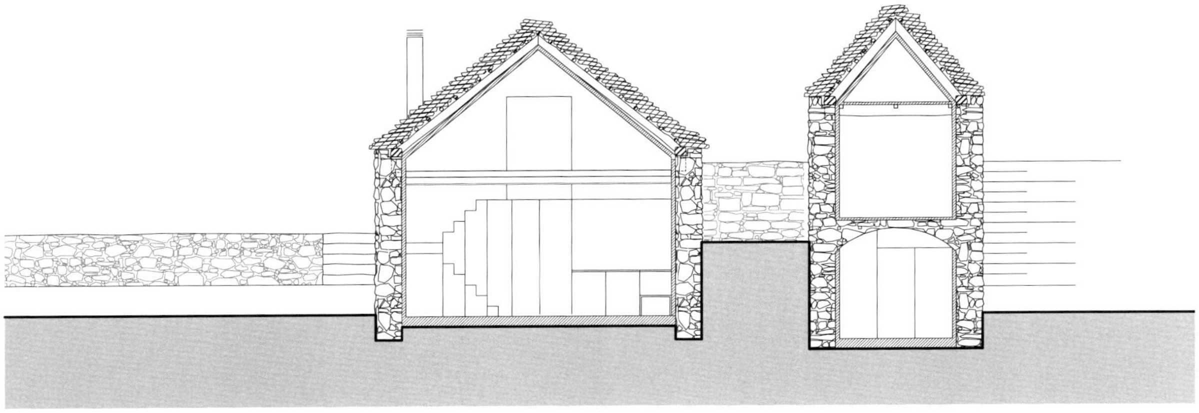

Schnitt

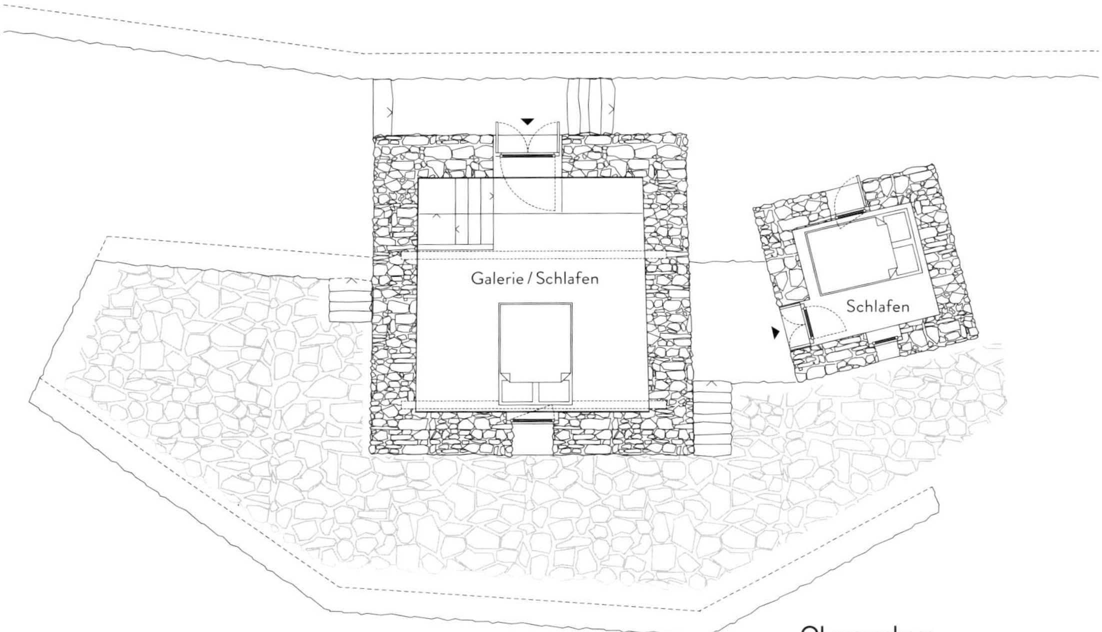

Obergeschoss

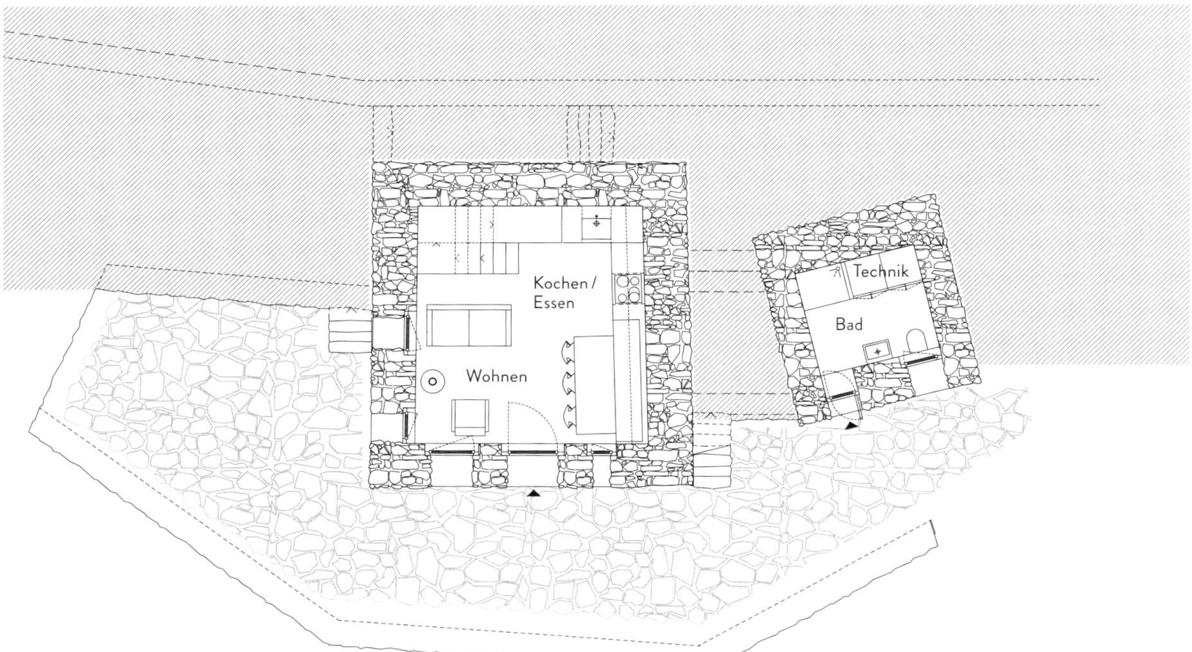

Erdgeschoss

Kurzporträt

- Revitalisierung historischer Bausubstanz: Umnutzung leer stehender, denkmalgeschützter ländlicher Zweckbauten
- Umbau zweier Rustici zu einem Ferienhausensemble
- Äußeres Erscheinungsbild weitgehend unverändert
- Platzsparender Innenausbau mit multifunktionalen Stauraummöbeln
- Reduktion auf wenige, einfache Materialien
- Weiterführung lokaler Bautraditionen, Handwerker ausschließlich aus dem Verzascatal
- Gebäude energieautark, Versorgung aus regenerativen Quellen, Holz aus dem eigenen Wald

Gebäudedaten

Grundstücksgröße: 15.500 m^2
Wohnfläche: 60 m^2
Zusätzliche Nutzfläche: 5 m^2
Anzahl der Bewohner: 1–6
Bauweise: Massivbau / Trockenmauer
Fassade: Bruchsteinmauerwerk
Baukosten gesamt: 320.000 Euro
Energiekonzept: Photovoltaikpaneele für Stromversorgung, Holzofenheizung mit integrierten Speicherelementen, Brennholz vom eigenen Grundstück
Heizwärmebedarf: 43 kWh/m^2a
Primärenergiebedarf: 51 kWh/m^2a
Baujahr Bestand: ca. 1850
Fertigstellung Umbau: 2019

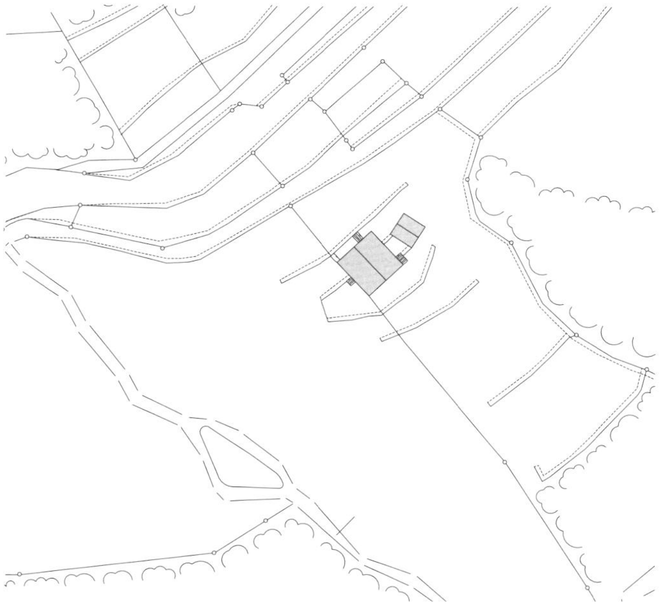

Lageplan

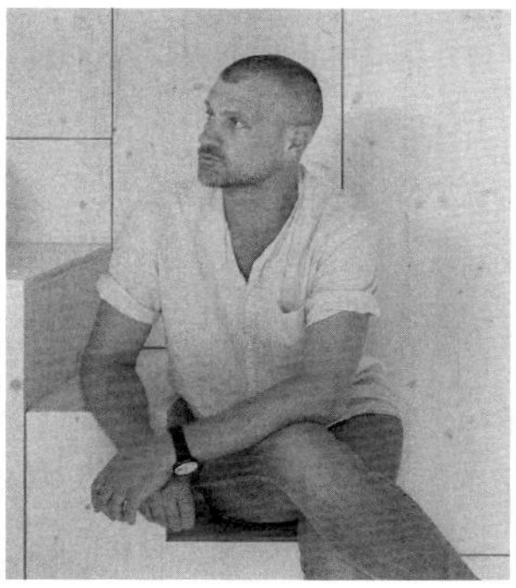

Rafael Schmid

» Die Rustici sind ganzjährig nutzbar ohne auf externe Energiequellen angewiesen zu sein. Dies ermöglicht ein kostengünstiges und nachhaltiges Wohnen im Einklang mit der Natur. «

VIEL GEWONNEN

Umbau und Erweiterung eines Hauses in der Oberpfalz

Berschneider + Berschneider Architekten + Innenarchitekten

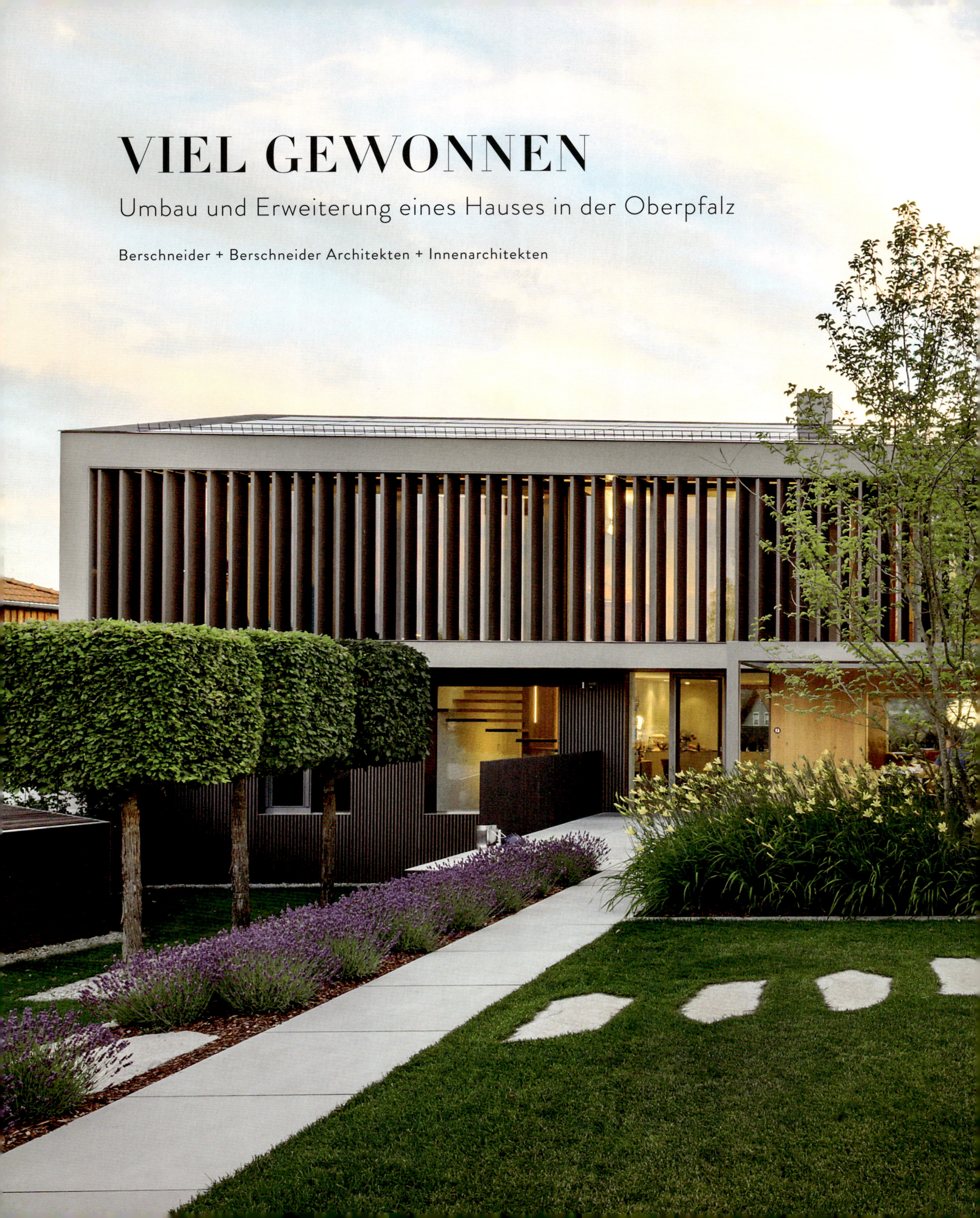

Eigentlich war das erst 30 Jahre alte Haus noch gut erhalten, doch entsprach es seit Längerem schon nicht mehr den Wohnvorstellungen seiner Bauherren. Bereits 2005 hatten sie den Bestand – einen schlichten Satteldachbau mit roter Ziegeldeckung, Putzfassade und Sprossenfenstern – daher erweitert: mit einem modernen, grau verputzten Flachdachkubus, der sich übereck anschloss und dem Wohnbereich mit bodentiefer Verglasung mehr Licht, Luft und Raum verschaffte. Mit einem weiteren Umbau, den das Büro Berschneider übernahm, sollte das ungleiche Häuserpaar endlich zu einem stimmigen Ganzen zusammengeführt werden, das auch in seinem Innern ein zeitgemäßes Wohnambiente bietet.

Nach seiner Rundumerneuerung ist das Haus heute nicht wiederzuerkennen – allerdings ging der wunderbaren Verwandlung auch ein radikaler Umbau voran. Mit gezielten Eingriffen in die Substanz hat das Gebäude nicht nur an Profil, sondern auch an Wohnfläche gewonnen: Der Bestand wurde aufgestockt, sodass sich die beiden Haustrakte nun auf Augenhöhe begegnen und ein harmonisches Ensemble bilden, das in seiner Mitte eine geschützte Terrasse umschließt. Trotz seiner beachtlichen Dimensionen haftet dem Haus nichts Protziges an: Knappe Satteldächer ohne Überstand betonen seine klaren Konturen, die dezente, graubraune Putzfassade bindet die beiden Baukörper auch optisch zusammen. Die Sprossenfenster sind großen Glasfronten gewichen, die im neuen Dachgeschoss von einem durchlaufenden vertikalen Lamellenvorhang aus Lärchenholz umgeben werden.

Aber auch im Innern hat sich viel verändert. Zwar blieb der Grundriss im Erdgeschoss weitgehend erhalten, wirkt dank der größeren Fenster jedoch viel lichter und luftiger. Die Aufenthaltsräume mit Küche, Ess- und Wohnbereich öffnen sich zum Garten und zur Aussicht auf die nahe gelegene mittelalterliche Burg Falkenberg, die auf einem Felsen oberhalb der Ortschaft thront. Schöne Ausblicke in die Umgebung bieten sich auch im Dachgeschoss mit den privaten Rückzugsräumen. An das Treppenhaus schließen zwei getrennte Schlaftrakte mit jeweils eigenen Bädern an, was langfristig flexible Nutzungsmöglichkeiten bietet, etwa die Abtrennung des Kinderzimmers als kleines Appartement.

Die Glasfassade wird von der frei verstellbaren Lamellenfront teilweise verdeckt, die auch die Loggia vor dem Elternschlafraum auf der Ostseite abschirmt. Sie dient nicht nur als Sicht- und Sonnenschutz, sondern als zusätzlicher Klimapuffer: Die Holzlamellen werden vollautomatisch gesteuert und verhindern je nach Jahreszeit und Witterung die Überhitzung der Fensterflächen im Sommer – oder deren nächtliche Auskühlung im Winter.

Zum harmonischen Gesamteindruck des Interieurs trägt vor allem der handwerklich perfekte Innenausbau bei. Dass Gudrun und Johannes Berschneider beide auch ausgebildete Innenarchitekten sind, zeigt sich an vielen sorgsam überlegten und präzise ausgearbeiteten Details, die alles wie aus einem Guss erscheinen lassen. Großen Wert legten alle Beteiligten zudem auf langlebige, qualitativ hochwertige und vorzugsweise heimische Materialien. Sowohl die maßgefertigten Schreinereinbauten als auch der durchgängige Bodenbelag sind aus Eiche, für die Waschtische und Wannenverkleidungen in den Bädern kam Wachenzeller Dolomit zum Einsatz.

Doch nicht nur was Architektur und Wohnqualität betrifft – auch energetisch ist das hochwärmegedämmte Gebäude ganz auf der Höhe seiner Zeit. Es ist mit modernsten alternativen Energiesystemen sowie Smart-Home-Technologie ausgestattet. Unsichtbar ins schwarze Schieferdach integrierte Photovoltaikmodule liefern Strom für die Wärmepumpe des Nullenergiehauses, die nicht nur der Beheizung, sondern auch Kühlung der Räume dient. Eine kontrollierte Wohnraumlüftung trägt zum konstanten Raumklima bei. Auf angenehme Strahlungswärme müssen die Bewohner dennoch nicht verzichten: Ein Kaminofen im Wohnbereich sorgt an kühlen Tagen für gemütliche Lagerfeueratmosphäre.

Vorherige Doppelseite Das Wohnhaus aus den 1990er-Jahren, ursprünglich ein schlichter Satteldachbau mit eingeschossigem Annex, wurde aufgestockt und erweitert.

Links beide Anschluss auf Augenhöhe: Die graubraune Putzfassade bindet die beiden Haustrakte auch optisch zusammen, eine Außentreppe führt zum Eingang.

Rechts Die neu gestaltete Diele ist zum lichten und luftigen Empfangsraum geworden. Warmtonige Eichenböden und eine gepolsterte Sitzbank sorgen für wohnliches Flair.

Unten Verstellbare Holzlamellen aus Lärche dienen in der oberen Etage als Sicht- und Sonnenschutz. Eine glasgedeckte Öffnung im Boden holt Tageslicht ins Untergeschoss.

Links oben Die Außenanlagen wurden ebenfalls neu gestaltet. Die Terrasse auf der Ostseite wird von einer metallenen Pergola beschirmt, die den Freisitz räumlich fasst.

Links unten Ein festverglastes Panoramafenster neben dem Essplatz lenkt den Blick gezielt in den Garten und auf die mittelalterliche Burgruine Falkenberg im Hintergrund.

Unten Küche, Ess- und Wohnbereich gruppieren sich in loser Folge um den offenen Kamin im Zentrum. Das Sofa in der Fensternische dient als gemütliche Sitz- und Leseecke.

Links oben Auch im Kinderzimmer im Obergeschoss ist eine Sitznische in die Fensterlaibung integriert. Die fassadenintegrierten Holzlamellen regeln den Lichteinfall.

Links Mitte Über eine deckenhohe Schiebetür ist das Zimmer mit einem eigenen Duschbad verbunden. Der helle Eichenboden setzt sich auch in den Nassräumen fort.

Links unten Möbeleinbauten und Bodendielen aus Eichenholz prägen den Raumeindruck auch im Elternbad. Waschtisch und Wannenverkleidung sind aus Wachenzeller Dolomit.

Rechts oben Wie aus einem Guss wirkt auch die mit maßgefertigten Schreinermöbeln ausgestattete Ankleide, die zugleich Zugangsbereich zum anschließenden Elterntrakt ist.

Rechts unten Eine Glasschiebetür führt vom Elternschlafzimmer auf die angrenzende Loggia, die als witterungsgeschützter Freisitz und Aussichtsposten zugleich dient.

Ganz rechts unten Eine Glasfuge verbindet die beiden rechtwinklig zueinander stehenden Haustrakte miteinander und lässt zusätzliches Licht auch von oben hereinfallen.

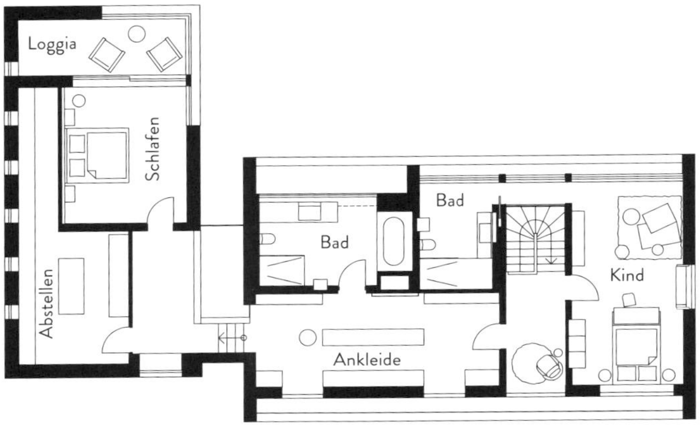

Dachgeschoss

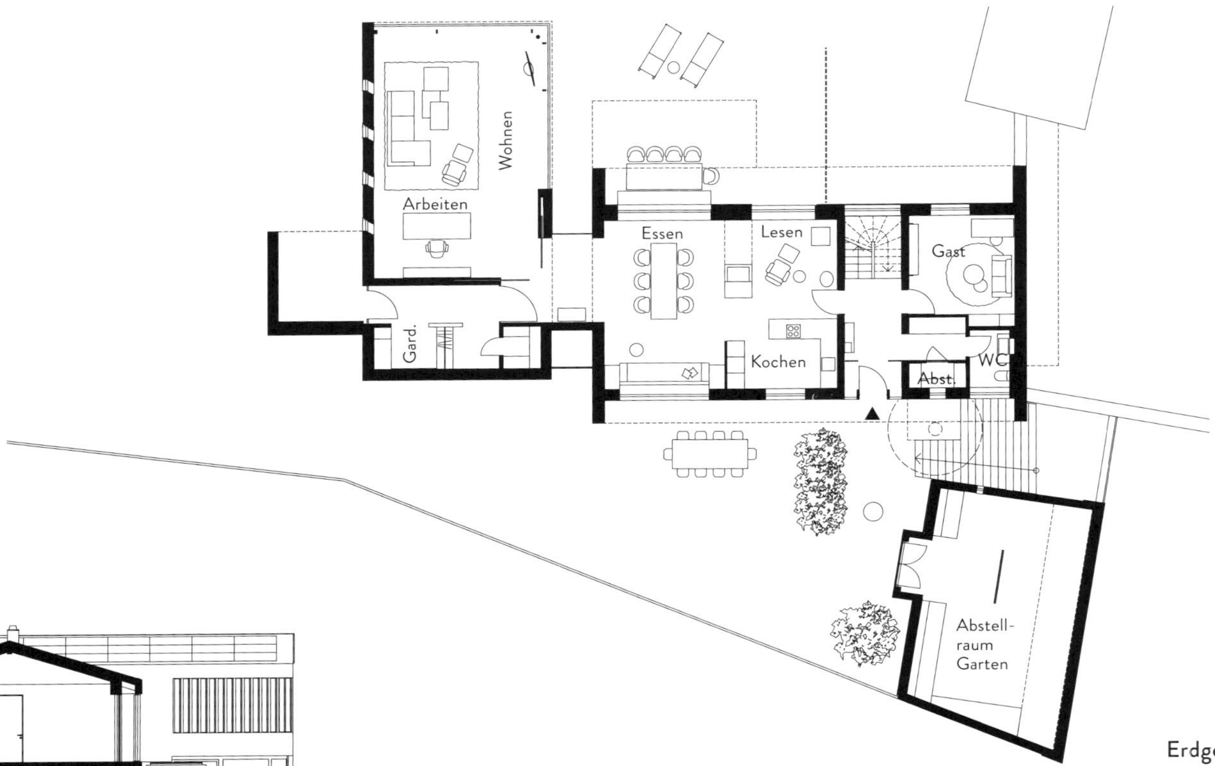

Erdgeschoss

Schnitt

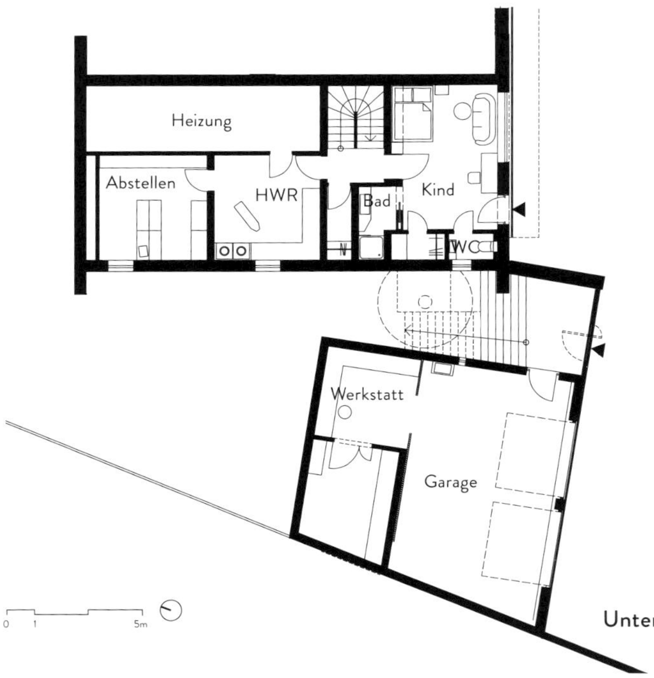

Untergeschoss

Kurzporträt

- Radikaler Umbau und Erweiterung eines Wohnhauses aus den 1990er-Jahren
- Vergrößerung der Wohnfläche durch Aufstockung
- Flexible Grundrissstruktur erlaubt Umnutzungen
- Umwandlung der Kinderzimmer in Appartements möglich
- Einsatz langlebiger, qualitativ hochwertiger und nachhaltiger Materialien, vorzugsweise aus der Region
- Nullenergiehaus mit modernsten alternativen Energiesystemen und Smart-Home-Vernetzung
- Innovative Holzlamellenverkleidung als Sicht- und Sonnenschutz sowie Klimapuffer

Gebäudedaten

Grundstücksgröße: ca. 2.000 m^2
Wohnfläche: 401 m^2
Zusätzliche Nutzfläche: 104 m^2
Anzahl der Bewohner: 4
Bauweise: UG und EG Massivbau, OG Holzbau
Fassade: Putz auf Holzfaserdämmplatten
Energiekonzept: Wärmepumpe für Heizung und Kühlung, dachintegrierte Photovoltaikanlage, kontrollierte Wohnraumlüftung mit Wärmerückgewinnung, automatisierte Energiesysteme mit Smart-Home-Vernetzung
Heizwärmebedarf: 29,3 kWh/m^2a
Primärenergiebedarf: 29,6 kWh/m^2a
Baujahr Bestand: 1991 und 2005
Fertigstellung Umbau: 2017

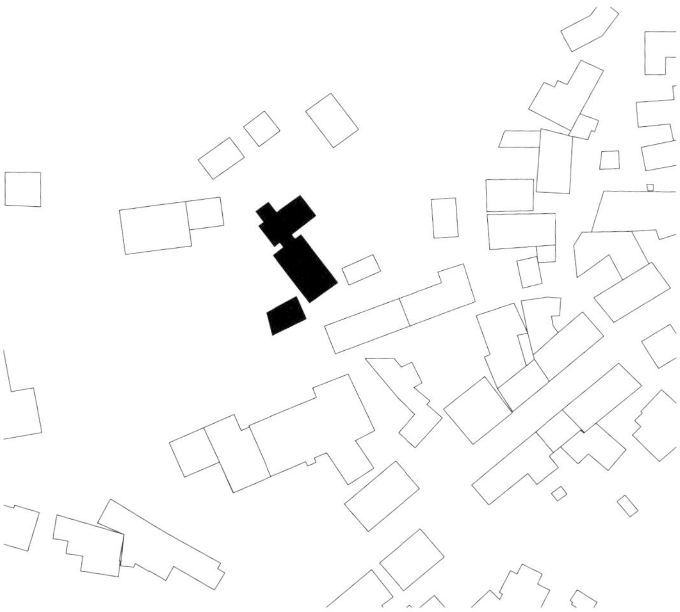

Lageplan

Johannes und Gudrun Berschneider

» Nach der Metamorphose ist ein Haus mit klaren Linien und natürlicher Materialsprache entstanden, das optisch und energetisch bestens für die Zukunft gerüstet ist. «

AUSSENPOSTEN IM GRÜNEN

Umbau und Erweiterung eines Bungalows in Berlin

ZappeArchitekten

Der Berliner Ortsteil Frohnau ging Anfang des 20. Jahrhunderts aus dem Projekt einer Gartenstadt hervor, die nach britischen Vorbildern angelegt wurde. Sie entstand rund um das neue, im Jugendstil erbaute Empfangsgebäude der Berliner Vorortbahn, das den Auftakt zur Siedlung bildete. In der »Gartenstadt Frohnau« gab es anfangs strenge Regeln: Es sollten nur Einfamilienhäuser in lockerer Bauweise und im Landhausstil errichtet werden, auch die Bepflanzung mit heimischen Straßenbäumen war detailliert festgelegt. Zwischen den beiden Weltkriegen wandelte sich das Bild allmählich und die Bebauung wurde dichter. Dennoch hat sich die Siedlung bis heute ihren grünen Charakter bewahrt.

Auf einem idyllisch eingewachsenen Grundstück, umringt von alten Nadelbäumen, steht auch der kleine Bungalow, den das Büro ZappeArchitekten umgebaut und erweitert hat. Bedingt durch einen Geländesprung – das Areal fällt zur Zufahrtsstraße hin stark ab – betritt man das Gebäude im Hanggeschoss, wo neben Garderobe, Technik- und Abstellraum auch ein Gästezimmer mit Duschbad untergebracht ist. Die Hauptwohnebene liegt eine Etage höher und orientiert sich ganz auf den waldigen Garten im Süden und Osten. Das Raumprogramm des Zweipersonenhauses ist überschaubar. Im Zentrum des U-förmigen Baus, der in seiner Mitte einen kleinen Kieshof umschließt, liegt die Küche. Sie ist klassisch separiert und wird auf der Nordseite von einem großzügigen Wohn- und Esszimmer sowie einem separaten Arbeitsraum flankiert, auf der südlichen Gebäudehälfte ist der Schlaftrakt untergebracht.

Der Bungalow stammt aus dem Jahr 1965 und war in einem schlechten baulichen Zustand, als die heutigen Eigentümer ihn erwarben, insbesondere das Flachdach wies die bauzeittypischen Mängel auf. Aber auch das Interieur, wie etwa die Bäder, sollte renoviert und neu gestaltet werden. Die geplanten Sanierungsmaßnahmen waren daher »ein willkommener Anlass, auch die Wohnlandschaft neu zu ordnen und zu erweitern«, wie die Architekten erläutern. Dabei ging es vor allem darum, die besonderen Qualitäten des naturnahen Grundstücks besser zur Geltung zu bringen und den Garten mehr in das Wohnerlebnis mit einzubeziehen. Ziel war es, dem kompakten Bau mehr Licht, Luft und Leichtigkeit zu verschaffen – und damit auch an die charakteristischen Gestaltungsprinzipien seiner Entstehungszeit anzuknüpfen.

Zwei neue pavillonartige Anbauten in leichter Holzbauweise schieben sich nun auf der Ostseite wie gläsern-transparente Wintergärten vor den Bestand und erweitern das Haus, ohne dessen Proportionen zu stören. Der kleinere Annex liegt vor dem Schlaftrakt und dient der Bauherrin als Mal-Atelier, der größere schließt sich an den Wohnbereich an. Ein durchlaufendes Vordach, das auf schlanken, leicht schräg gestellten Stahlstützen balanciert, bindet die beiden Anbauten auch optisch zusammen und verleiht der Gartenfassade ein neues, zeitgemäßes Aussehen.

Raumhohe Glasschiebetüren sorgen für fließende Übergänge zwischen drinnen und draußen und lassen die Innenräume auch optisch großzügiger wirken. Bei schönem Wetter wird das breite Terrassendeck vor dem Wohnbereich zu einem zusätzlichen Zimmer im Freien, von dem aus man den Blick über das üppige Grün des Gartens schweifen lassen kann – zumal auch der bestehende Fischteich in das Konzept mit einbezogen wurde: Die neue Holzplattform schiebt sich stellenweise leicht über die Wasserfläche hinaus und holt die Natur nah ans Haus heran.

Mit dem Umbau hat der einst unscheinbare Bungalow nicht nur an Profil und Wohnfläche gewonnen, sondern durch die enge Verbindung von Innen- und Außenraum auch an zusätzlicher Aufenthaltsqualität.

Vorherige Doppelseite Nah ans Wasser gebaut: Der Bungalow wurde auf der Gartenseite mit zwei Anbauten erweitert, die Holzterrasse ragt über den bestehenden Teich hinaus.

Ganz links Das Haus liegt umringt von altem Nadelbaumbestand auf einem idyllisch eingewachsenen Gartengrundstück, das zur Zufahrtsstraße im Südwesten hin stark abfällt.

Links Deckenhohe Glasschiebetüren sorgen für fließende Übergänge zwischen Innen- und Außenraum. Der Wintergarten vor dem Schlaftrakt dient als Mal-Atelier.

Rechts oben Die beiden pavillonartigen Anbauten vergrößern die Wohnfläche und verleihen der Gartenfassade des kompakten Bungalows eine neue Leichtigkeit.

Rechts unten Das durchlaufende Vordach bindet die beiden Erweiterungsbauten auch optisch zusammen. In Ihrer Mitte umschließen sie einen kleinen geschützten Innenhof.

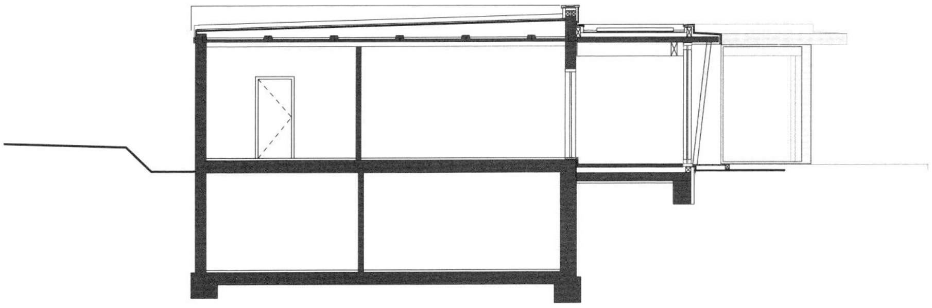

Schnitt

Erdgeschoss

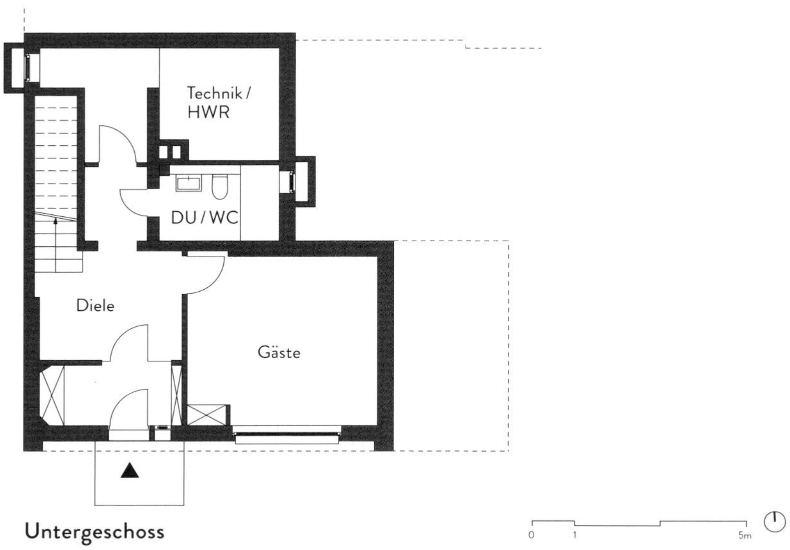

Untergeschoss

Kurzporträt

- Sanierung, Umbau und Erweiterung eines 1960er-Jahre Bungalows
- Anpassung der Bausubstanz an zeitgemäße Standards
- Vergrößerung der Wohnfläche durch Anbauten
- Aufwertung der Räume durch Öffnung des Hauses zum Garten
- Energetische Ertüchtigung, Dachsanierung und -dämmung
- Erweiterungsbauten in Holzbauweise
- Naturnahe Gestaltung des Außenraums, Teich als Retentionsfläche

Gebäudedaten

Grundstücksgröße: 1.174 m²
Wohnfläche: ca. 188 m²
Zusätzliche Nutzfläche: ca. 26 m²
Anzahl der Bewohner: 2
Bauweise: Holzelement- bzw. Holzrahmenbau (Erweiterung)
Fassade: Putz (Bestand)
Energiekonzept: Gastherme (Bestand)
Baujahr Bestand: ca. 1965
Fertigstellung Umbau: 2020

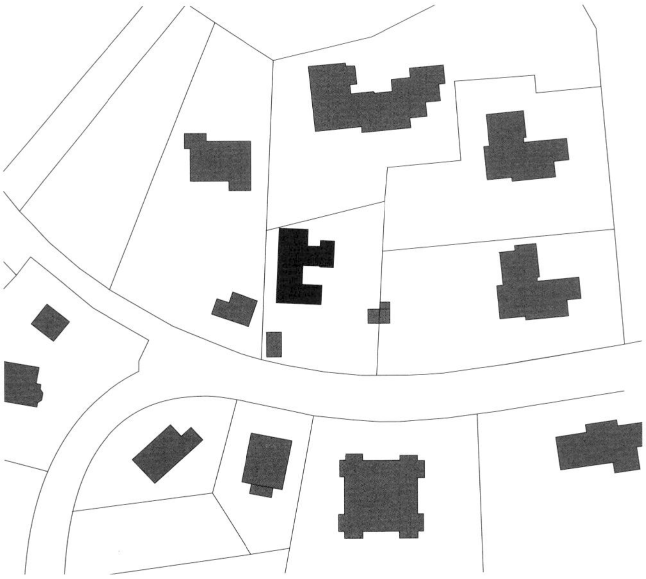

Lageplan

André Gildehaus, Andreas Witte, Stefan Zappe, Simon Tholen und Alessa Ojala, ZappeArchitekten

» »Durch den fließenden Übergang zum waldigen Garten wurden die Räume in ihrer Aufenthaltsqualität aufgewertet.« «

PLANUNG MIT WEITBLICK

Haus am Eichenberg / Vorarlberg (Österreich)

Berktold Weber Architekten

Vorherige Doppelseite Mit einem leichten Knick im Grundriss öffnet sich der Bau zur Talseite. Das Hanggeschoss kann bei Bedarf als separate Einheit abgeteilt werden.

Rechts oben Die Hauptwohnebene liegt in der oberen Etage auf Straßenniveau. Die durchgehende Lamellenfassade aus Weißtannenholz schirmt gegen Einblicke von außen ab.

Rechts unten Das obere Geschoss ruht als leichte, vorgefertigte Holzkonstruktion auf einem massiven Sockel aus Sichtbeton, in den auch die Doppelgarage integriert ist.

Die kleine Vorarlberger Gemeinde Eichenberg gehört zu den landschaftlich reizvollsten Bergdörfern im Bodenseeraum. Am Hang des Pfändermassivs, auf rund 400 Meter über dem »Schwäbischen Meer« gelegen, bietet sie ein atemberaubendes Bergpanorama. Bei schönem Wetter kann man zudem den See auf seiner gesamten Länge überblicken. Diese fantastische Aussicht gekonnt in Szene zu setzen, war daher auch ein zentrales Entwurfsthema für Helena Weber und Philipp Berktold, die in einem Weiler oberhalb des Dorfkerns ein neues Familiendomizil errichteten.

Für das Architektenteam stellte das nach Südwesten abfallende Grundstück eine besondere Herausforderung dar. Zum einen wegen seines asymmetrischen, annähernd dreieckigen Zuschnitts, zum anderen wegen seiner ungünstigen Lage an einer Straßengabelung: Im Süden grenzt es direkt an die Landesstraße an, während auf der Hangseite im Norden ein Anliegerweg verläuft.

Entstanden ist ein polygonaler, zweistöckiger Bau, der sich der Topografie sowie der unregelmäßigen Grundstücksform geschickt anpasst und weit von der Hauptstraße abrückt. Das obere Geschoss ruht als leichte Holzkonstruktion auf einem Sockelgeschoss aus Sichtbeton, das sich auf der Rückseite in den ansteigenden Hang schiebt. Talwärts öffnet sich das Gebäude, das von einem leicht gefalteten Gründach überspannt wird, mit durchlaufenden Glasfronten zur Aussicht auf den See und den Dorfkern mit Kirchturm. Seine Fassaden umhüllt ein feiner, vertikaler Lamellenschirm aus naturbelassener Weißtanne, der als Sichtschutz teilweise auch vor den Öffnungen verläuft und das Haus in sein natürliches Umfeld einbindet.

Der Haupteingang liegt in der oberen Ebene auf Zufahrtsniveau. An das Entree schließt sich nahtlos ein loftartiger Allraum mit Küche, Ess- und Wohnbereich an, der sich ganz auf die schöne Aussicht konzentriert: Im Südwesten holt eine bodentiefe Übereckverglasung das Licht und die Landschaft herein und sorgt für fließende Übergänge auf eine breite umlaufende Loggia. Vom Gemeinschaftsbereich klar getrennt ist der Schlaftrakt der Bauherren, der auf der östlichen Gebäudehälfte untergebracht ist.

Eine offene Treppe führt hinab ins Hanggeschoss, in dem neben Garage, Technik- und Lagerräumen auch zwei weitere Zimmer samt Bad untergebracht sind. Diese Etage schließt ebenerdig an den Garten an und ist über einen separaten Eingang auch direkt von außen zugänglich – womit die Planer eine wichtige Vorgabe ihrer Auftraggeber erfüllten: »Die Bauherren hatten sich ein Haus gewünscht, das flexible Nutzungsmöglichkeiten bietet und sich auch auf lange Sicht unterschiedlichen Lebensphasen und Familienkonstellationen anpassen kann«, erläutern die Architekten. Das Gartengeschoss funktioniert als zusätzlicher Rückzugsbereich für die Hausbewohner, Gästeunterkunft, Kinderzimmer oder Arbeitsraum daher ebenso gut wie beispielsweise eines Tages als separate Wohneinheit oder Büro.

Viel Wert legten die Bauherren zudem auf natürliche, nachhaltige Materialien: Die Holzkonstruktion, die größtenteils vorgefertigt auf der Baustelle montiert wurde, ist mit Zellulose und Schafwolle gedämmt, alle Oberflächen blieben unbehandelt. Heimisches Weißtannenholz prägt nicht nur die äußere Hülle, sondern auch die Innenräume des Hauses – von den Bodendielen bis hin zur Deckenvertäfelung – und sorgt für eine behagliche Atmosphäre. Einen starken Kontrast zu den warmen Holzoberflächen bilden der Kamin und die Einbauregale aus Schwarzstahl sowie weiß lackierte Schreinermöbel. Aus der Region stammt auch die Wandverkleidung im Bad. Sie ist aus Schwarzachtobler Sandstein, der in einem Steinbruch in der Nähe gewonnen wird.

Bei der Realisierung ihres Projekts setzten die Architekten ausschließlich auf lokale Handwerksbetriebe – nicht umsonst hat der Holzbau in Vorarlberg eine lange Tradition und ist für sein hohes technischen Niveau und die solide Ausführung weit über die Landesgrenzen hinaus bekannt.

PERU

Links oben An den Eingang schließt sich ein loftartiger Allraum an, der vom Boden bis zur Decke mit Weißtannenholz ausgekleidet ist und durch Einbauten gegliedert wird.

Links unten beide Schöne Perspektiven bietet das Bad. Die Wandverkleidungen sind aus Schwarzachtobler Sandstein, im Treppenhaus treffen Holz und Sichtbeton aufeinander.

Oben Eine Übereckverglasung gibt den Blick auf den Bodensee und die umliegende Berglandschaft frei. Der Kamin sowie die maßgefertigten Regale sind aus Schwarzstahl.

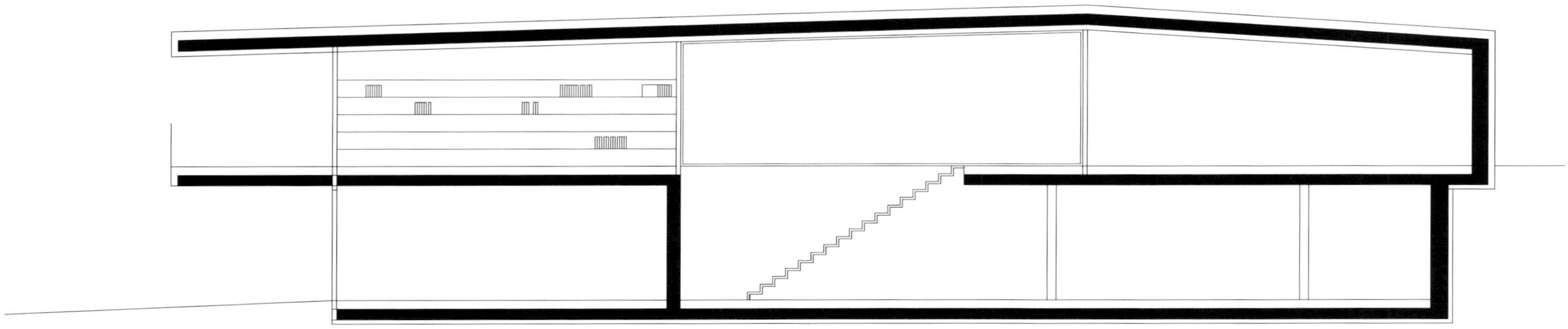

Schnitt

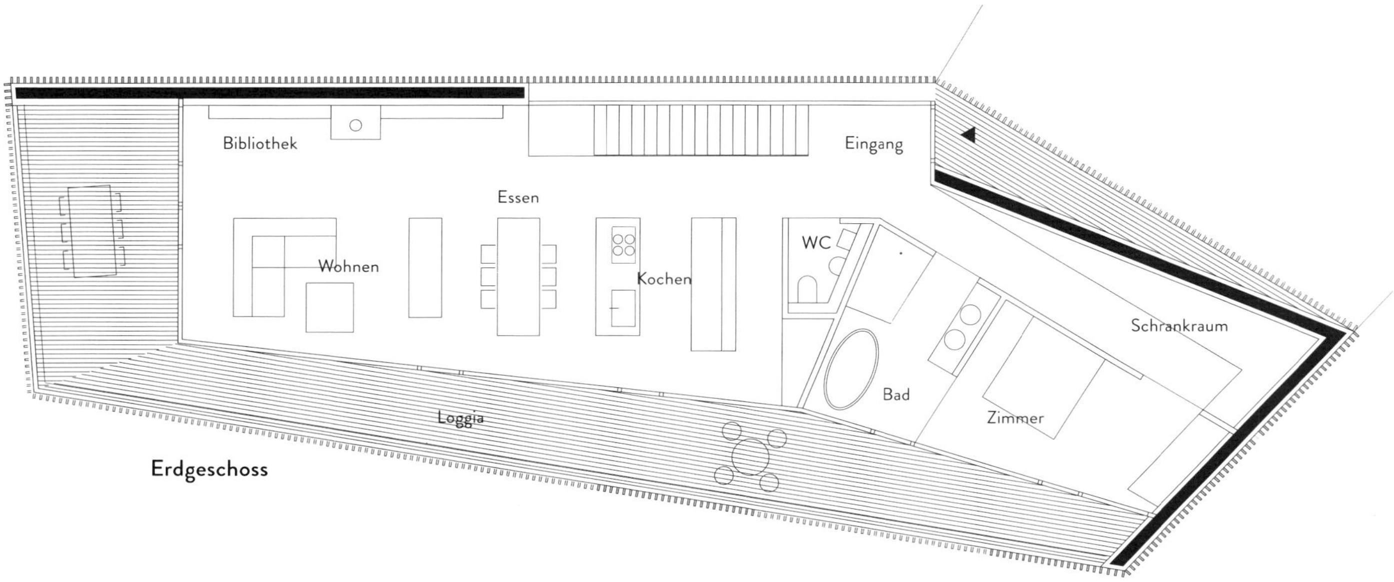

Erdgeschoss

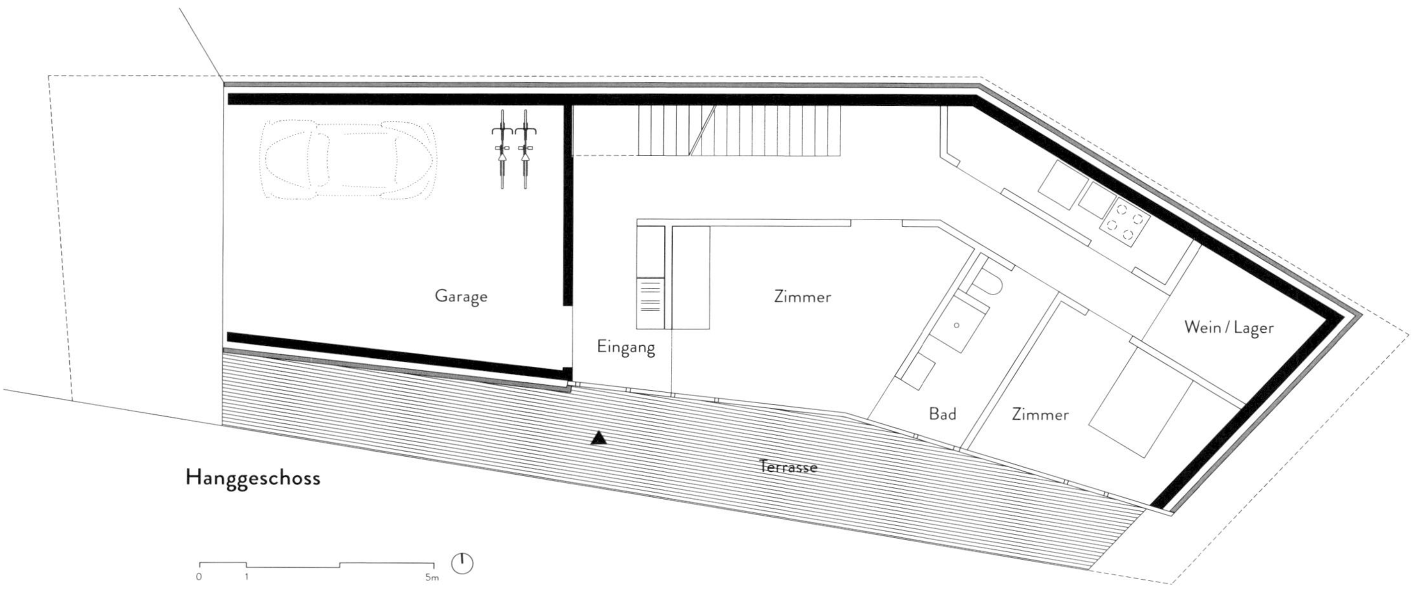

Hanggeschoss

Kurzporträt

» Polygonaler Baukörper am asymmetrischen Grundstückszuschnitt orientiert

» Grundrissflexibilität, Gartengeschoss als separate Einheit abteilbar

» Beide Wohnebenen barrierefrei

» Verwendung natürlicher, nachhaltiger Baumaterialien aus der Region

» Holz für Konstruktion, Fassade und Innenausbau; Oberflächen unbehandelt

» Realisierung des Projekts ausschließlich mit lokalen Handwerkern

» Hohe Energieeffizienz dank hochwärmegedämmter Außenhülle

» Begrüntes Dach

Gebäudedaten

Grundstücksgröße: 850 m²
Wohnfläche: 189 m²
Zusätzliche Nutzfläche: 51 m²
Anzahl der Bewohner: 3
Bauweise: vorgefertigter Holzbau auf betoniertem Sockelgeschoss, Dämmung mit Zellulose und Schafwolle
Fassade: Weißtannenlamellen, naturbelassen
Energiekonzept: Erdwärmepumpe, kontrollierte Wohnraumlüftung mit Wärmerückgewinnung, Kaminofen als Zusatzheizung
Heizwärmebedarf: 23 kWh/m²a
Fertigstellung: 2019

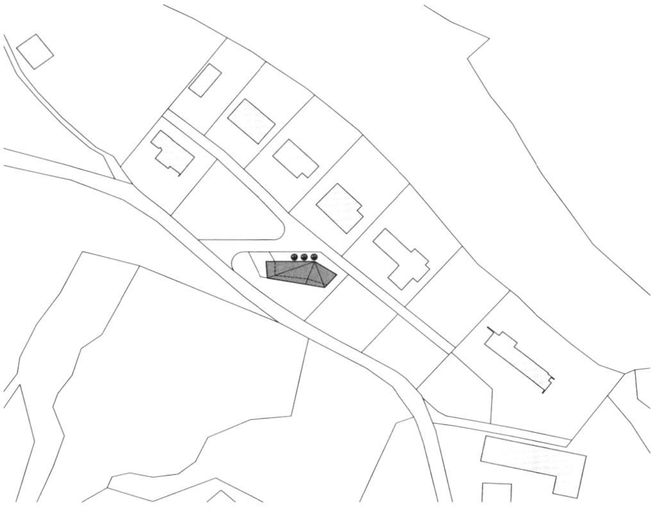

Lageplan

Philipp Berktold und Helena Weber

» Wichtig war die Teilbarkeit, um flexible Nutzungsmöglichkeiten zu schaffen, damit das Haus seine Bewohner über mehrere Lebensphasen hinweg begleiten kann. «

ARCHITEKTENVERZEICHNIS UND BILDNACHWEIS

Atelier Kaiser Shen Architekten PartGmbB
Alexanderstraße 11
70184 Stuttgart
www.atelierkaisershen.com
Mikrohofhaus in Ludwigsburg (S. 186)
Projektteam: Florian Kaiser, Guobin Shen, Hans-Christian Bäcker
Fotos: Nicolai Rapp, www.nicolairapp.de
Porträt: Benno Heller, Rampant Pictures

Baumraum
Andreas Wenning
Dipl.-Ing. Architekt
Borchersweg 14
28203 Bremen
www.baumraum.de
Green Dwelling bei Hannover (S. 48)
Baustatik: FS1 Fiedler Stöffler ZT GmbH
Gartengestaltung: Landschaftsarchitektin Petra Pelz und Peter Berg Gartendesign
Innenraumgestaltung: Gabriele Ebert
Fotos: Ferdinand Graf Luckner, www.graf-luckner.de
Porträt: Archiv Architekt

BERKTOLD WEBER Architekten
Arch. DI Philipp Berktold,
Arch. DI Helena Weber
Am Kehlerpark 5/23
6850 Dornbirn
Österreich
www.berktold-weber.com
Haus am Eichenberg / Vorarlberg, Österreich (S. 250)
Mitarbeit: DI Susanne Bertsch
Fotos: Adolf Bereuter, www.adolfbereuter.com
Porträt: Darko Todorovic

Berschneider + Berschneider GmbH
Architekten BDA + Innenarchitekten BDIA
Hauptstraße 12
92367 Pilsach
www.berschneider.com
Umbau und Erweiterung eines Hauses in der Oberpfalz (S. 234)
Projektteam: Johannes und Gudrun Berschneider, Andreas Schmid, Fabian Lorenz, Matthias Sander, Rebecca Arnold
Fotos und Porträt: Petra Kellner, www.petrakellner.de

Kai Binnewies
Blickallee 1
48239 Havixbeck
www.kai-binnewies.de
in Zusammenarbeit mit:
Jörgen Dreher Architektur
Hittorfstraße 26
48149 Münster
www.joergendreher.de
Einfamilienhaus in Havixbeck / Westfalen (S. 30)
Projektteam / Leistungsphasen gem. HOAI: Kai Binnewies (LP 1–5), Jörgen Dreher (LP 5–9)
Fotos: Roman Mensing, www.romanmensing.de
Porträt: Archiv Architekt

Marc Flick
Dipl.-Ing. Architekt BDA
Finther Landstraße 48a
55124 Mainz
www.marcflick.de
Wendenius-Hof in Hainau / Taunus (S. 38)
Mitarbeit: Steffen Brosda, François Flammang, Duc Trinh
Fotos: David Schreyer, www.schreyerdavid.com
Porträt: Sophia Brosda

Uwe Bernd Friedemann Architekt
Rathenauplatz 21
50674 Köln
www.uweberndfriedemann.de
Landgut Eifel (S. 136)
Fotos: Viola Epler Fotografie, www.violaepler.de
Porträt: Martin Schüller

Lillo Giglia Architect
Via Bersagliere Urso, 18
92026 Favara Ag Sicilia
Italien
www.lillogiglia.com
Casa Farace in Favara / Sizilien, Italien (S. 168)
Team: Flavia Contino, Filippo Giglia; Mitarbeit: Pierluigi Patti (Bauingenieur)
Fotos: Lillo Giglia, Salvatore Giglia
Porträt: Salvatore Giglia

hehnpohl architektur bda
Marc Hehn, Christian Pohl
Hafenstraße 64
48153 Münster
www.hehnpohl.de
Haus am Buddenturm in Münster (S. 110)
Mitarbeit: Artem Nikiforov
Fotos: hehnpohl architektur
Porträt: Kopfkunst-Metzdorf

HELEN & HARD
Erfjordgata 8
4014 Stavanger
Norwegen
www.helenhard.no
Reilstad Summerhouse auf Finnøy, Norwegen (S. 200)
Projektteam: Siv Helene Stangeland, Reinhard Kropf, Peter Feltendal, Håkon Minnesjord Solheim, Dag Strass
Fotos: Sindre Ellingsen, www.sindreellingsen.com
Porträt: Håvard Auklend / Helen & Hard

holzerarchitekten
Am Oberen Berg 23
70597 Stuttgart
www.holzerarchitekten.de
Umbau Haus F22 in Gerlingen (S. 86)
Projektteam: Thilo Holzer, Anna Staesche
Fotos: Zooey Braun Fotografie, www.zooeybraun.de
Porträt: holzerarchitekten

IFUB*
Institut für u. Baukunst
Isartorplatz 3, Rgb
80331 München
www.ifub.de
Hausfuchs – Doppelhaus in Baldham bei München (S. 176)
Projektteam: Bernhard Kurz, Johannes Krohne, Marco Bross, Moritz Penker
Fotos und Porträt: Sorin Morar, www.sorinmorar.de

kbnk ARCHITEKTEN GMBH
Große Rainstraße 39 A
22765 Hamburg
www.kbnk.de
Baugemeinschaft Goldbeker in Hamburg (S. 94)
Mitarbeit: Ulrike Hinze, Gereon Többer, Dominik Hinterberg
Fotos S. 96, 97: Piet Niemann, www.pietniemann.de;
Fotos S. 94/95, 98, 99: Silke Zander, www.silkezander.de
Porträt: Markus Abele

Lukas Lenherr Architektur
Zwerli 811
8878 Quinten
Schweiz
www.lukaslenherr.ch
Kleines Haus in Jonschwil / Kanton St. Gallen, Schweiz (S. 12)
Projektteam: Lukas Lenherr, Elena Sonderegger
Fotos: Florian Amoser, www.florianamoser.ch
Porträt: Archiv Architekt

LP architektur ZT GmbH
Arch. DI Thomas Lechner
Untere Markstraße 2
5541 Altenmarkt im Pongau
Österreich
www.lparchitektur.at
Wohnhaus in Stattegg bei Graz, Österreich (S. 102)
Mitarbeit: Fritz Schenner
Fotos: Albrecht Imanuel Schnabel, www.albrecht-schnabel.com
Porträt: Markus Rohrbacher

Madritsch Pfurtscheller
Anton Rauch Straße 18
6020 Innsbruck
Österreich
www.madritschpfurtscheller.at
Raum für vieles in Fulpmes / Stubaital, Österreich (S. 118)

Projektarchitekt: Robert Pfurtscheller
Fotos S. 118-121, 122 u., 123: Nikolaus Schletterer
Foto S. 122 o.: Daniel Pfurtscheller
Porträt: Andreas Friedle

Architekten Mahlknecht Comploi
Arch. Thomas Mahlknecht,
Arch. Igor Comploi
Julius Durst Straße 44/B
39042 Brixen
und
Pontives 8
39046 St. Ulrich
Italien
www.mahlknecht-comploi.com
Haus MG in St. Christina / Südtirol, Italien (S. 220)
Mitarbeit: Arch. Melanie Marmsoler, Elia Salcher
Fotos und Porträt: Günter Richard Wett, www.guenterrichardwett.com

pedevilla architects
Paul-von-Sternbach-Straße 1
39031 Bruneck (BZ)
Italien
www.pedevilla.info
Wohnhaus in St. Vigil / Enneberg, Südtirol, Italien (S. 78)
Mitarbeit: Matteo Bolgan
Fotos und Porträt: Gustav Willeit, www.guworld.com

quartier vier – Herberg | Siebeck | Wortelkamp
Architekten Landschaftsarchitekten PartG mbB
Könneritzstraße 21
04229 Leipzig
www.quartiervier.com
Haus am Achterwasser in Lütow / Usedom (S. 160)
Mitarbeit: David Franke
und
Umbau eines Fabrikensembles in Leipzig (S. 210)
Energieberatung / Haustechnik: Planungsbüro RPP, Leipzig
Fotos und Porträt: Michael Moser, www.michaelmoserimages.de

R2 Studio Architects
Unit D 116, 62 Tritton Road
London SE 21 8DE
Großbritannien
www.r2studio.co.uk
Ash House in London, Großbritannien (S. 126)
Projektteam: Matt Ludbrook, Frederik Rissom, Anke Edwardes
Fotos: Andy Stagg, www.andystagg.com
Porträt: Claudia Leisinger

Rafael Schmid Architekten AG
Am Wasser 55
8049 Zürich
Schweiz
www.rafaelschmid.ch
Umbau Rustici Casa Lucciola in Corippo / Tessin, Schweiz (S. 228)
Mitarbeit: Michael Schmid, Franco Patà
Fotos und Porträt: Rafael Schmid Architekten

sieglundalbert architekten
Gesellschaft von Architekten mbH
Regine Siegl, Alois Albert
Methfesselstraße 9
10965 Berlin
www.sieglundalbert.de
K 47 – Kirchenumbau in Berlin (S. 152)
Mitarbeit: Nikisa Coco, Stephanie Krämer, Fan Zhang
Fotos: Simon Schnepp, Morgane Renou, www.schnepp-renou.com
Porträt: Archiv Architekten

studioRAUCH
Stephan Rauch
Maistraße 29
80337 München
www.studiorauch.com
Dreifamilienhaus in Landsberg am Lech (S. 58)
Mitarbeit: Claudius Müller
Fotos: Claudius Müller
Porträt: Archiv Architekt

Und Mang Architektur
Kontorhaus 1
Schäftlarnstraße 10
81371 München
www.undmang.de
Anbau an ein Mehrfamilienhaus in München (S. 22)
Mitarbeit: Dipl.-Ing. Architektin Vera Benz
Tragwerksplanung: Stefan Kammerlohr, Freising
Fotos: Anton Brandl Fotografie, www.antonbrandl.de
Porträt: JG Schnabel

WOCAAArchitektur GmbH
Klaudia Cacic + Annette Wolpert
Potsdamer Straße 41
12205 Berlin
www.wocaa.de
Haus B in Berlin (S. 68)
Fotos und Porträt: Ben Wittner, www.eps51.de

Wrzeszcz Architekci
ul. Ściegiennego 113
60-304 Poznań
Polen
www.wrzeszczarchitekci.pl
Einfamilienhaus bei Posen, Polen (S. 192)
Projektteam: Borys Wrzeszcz (Architektur), Zofia Wyganowska (Interior Design)
Fotos: Przemyslaw Turlej
Porträt: Arina Ispolatova

ZappeArchitekten
Dipl.-Ing. Stefan Zappe
Torstraße 154
10115 Berlin
www.zappearchitekten.de
Umbau und Erweiterung eines Bungalows in Berlin (S. 244)
Mitarbeit: Jan Krahe
Fotos: Caroline Prange Photographie, www.carolineprange.com
Porträt: Andreas Riedel

ZuidArchitecten
Raymond Haenen
Heugemerweg 59a
6221 GG Maastricht
Niederlande
www.zuidarchitecten.nl
Stadthaus in Maastricht, Niederlande (S. 144)
Fotos: Serge Technau, www.sergetechnau.nl
Porträt: Gregor Ramaekers

Fotos S. 7: Enver Hirsch, Hamburg; www.enverhirsch.com

Die abgebildeten Pläne stammen von den jeweiligen Architekten

Weitere lieferbare Titel zum HÄUSER-Award

Bettina Hintze
Kleine Häuser
Große Architektur bis 150 m^2 Wohnfläche
978-3-7913-8623-2

Bettina Hintze
Spektakuläre Häuser
978-3-421-04048-0

Bettina Hintze, Sandra Hofmeister
55 Traumhäuser
Best of HÄUSER-Award
978-3-421-04040-4

DIE AUTORIN

Bettina Hintze ist Architektin und lebt in München. Nach mehreren Jahren Büropraxis arbeitet sie heute als freie Autorin und schreibt über Architektur, Bauen und Wohnen in Zeitschriften und Büchern. Sie hat zahlreiche Titel zum Thema Einfamilienhausbau veröffentlicht.

© Daniel Noha

IMPRESSUM

Dieses Buch ist in Zusammenarbeit mit dem internationalen Architekturmagazin HÄUSER entstanden und bildet die Ergebnisse des HÄUSER-Awards 2021 ab. HÄUSER ist ein geschütztes Kennzeichen der Gruner + Jahr GmbH.

Foto Umschlagvorderseite: Ferdinand Graf Luckner
Fotos Umschlagrückseite: Michael Moser, www.michaelmoserimages.de (oben und rechts unten); Sindre Ellingsen, www.sindreellingsen.com (links unten); David Schreyer, www.schreyerdavid.com (Mitte unten)
Frontispiz: Sindre Ellingsen, www.sindreellingsen.com

1. Auflage

in der Penguin Random House Verlagsgruppe GmbH
Neumarkter Straße 28, 81673 München

Projektleitung: Sabine Schmid
Lektorat: Claudia Fuchs, München
Bildredaktion Verlag: Susanne Harecker
Gestaltung: Katrin Kleinschrot, Stuttgart
Herstellung: Andrea Cobré
Lithografie: Schnieber Graphik, München
Druck und Bindung: aprinta Druck GmbH, Wemding

FSC www.fsc.org
MIX
Papier aus verantwortungsvollen Quellen
FSC® C004592

ISBN 978-3-7913-8754-3

www.prestel.de